천국 화폐의 축복을 취하라

천국 화폐의
축복을
취하라

캐리 카그우드 지음 | 조슈아 김 옮김

━ 케리 커크우드의 신간 《천국 화폐의 축복을 취하라》는 매우 흥미롭다. 케리 목사는 ISN 네트워크에서 비슷한 이름의 프로그램을 진행하고 있어서 제목이 더욱더 마음에 들었다. 우리는 하늘 계좌에 예치된 모든 화폐를 온전히 활용하지 못하는 것 같다. 케리 목사는 마지막 영광의 때에 어떻게 하늘의 화폐를 예치하고 사용할 수 있는지를 보여 준다.

_시드 로스(TV 프로그램 〈이것은 초자연적이다〉의 진행자)

━ 나는 케리 목사의 《천국 화폐의 축복을 취하라》의 첫 문단에 사로잡히고 말았다. 그는 하박국에게 주어진 주님의 짐에 대해 이야기하면서 자신도 비슷한 짐을 지고 있다고 말한다. 하나님께서는 하박국 선지자에게 "이 묵시를 기록하여 판에 명백히 새기되 달려가면서도 읽을 수 있게 하라"고 말씀하셨다. 성경 번역본 중 어느 번역은 이 묵시가 주님의 짐이며, 주님이

하나님의 백성을 향한 아주 큰 소망을 가지고 계신다는 것을 의미한다고 말한다. 나는 케리 커크우드 목사와 신앙적 교제를 하면서 그의 삶의 메시지에 격려를 받지 않았던 적이 없다. 케리 목사의 말과 행동은 모든 하나님의 백성에게 가장 좋은 것을 주기 원하는 갈망으로 가득 차 있다. 이 책은 아직 끝나지 않은 그의 삶에 관한 고전이 될 것이다. 이 책은 당신이 케리 목사처럼 생각하고 이해하는 데 도움을 줄 것이다. 지금 가진 것보다 천국 창고에 마련된 것이 더 많다고 말이다. 이 책은 정말 많은 생각을 하게 하고, 당신이 천국 은행에 가져갈 만한 내용으로 가득하다.

_**클레디 키스**(헤리티지 펠로우십 교회 담임 목사)

▬ 하나님의 사람 케리 목사는 신뢰할 수 있는 가르침을 준다. 그가 전하는 계시는 이 땅에서 하나님의 은혜를 실제로 경험하게 한다. 우리 모두 하늘로부터 오는 변혁과 계시를 기대하자.

_**토니 켐프**(액츠 그룹 대표이자 목사)

《천국 화폐의 축복을 취하라》를 나눌 수 있도록 초대해 주신 모든 교회에 헌정합니다. 많은 이들이 이 내용에 관한 더 많은 가르침을 요청하였고 이 연구의 여정을 계속할 것을 격려해 주었기 때문에 출간할 수 있었습니다. 또한 책과 문학이라는 매체의 길을 개척한 많은 재능 있는 저자들에게 이 책을 헌정하고 싶습니다.

특히 이 프로젝트의 연구실이 되어준 트리니티 펠로우십 교회에 특별한 감사를 표합니다. 이 가르침의 적용에 대한 여러분의 호응과 참여 덕분에 더 많은 사람과 이 내용을 공유해야겠다는 확신을 갖게 되었습니다. 트리니티 펠로우십 교우 여러분은 이 책의 공동 저자입니다.

나의 자랑인 케빈(Kevin), 케이시(Casey), 크리스틴(Kristen), 카라(Kara)에게 헌정합니다. 너희들의 하나님에 대한 사랑과 확고한 믿음이 이제 너희들의 자녀이자 우리의 손주들에게 전해지고 있다는 소식을 듣게 되어 매우 큰 보람을 느낀다. 내 마음의 참된 기쁨 중 하나는 큰 손녀 제니비브(Genevieve)가 열한 살 때 나의 네 번째 책 《올바른 생각의 힘》을 읽었다는 소식을 들었을 때다. 그 아이는 '보여 주고 말하기' 수업을 위해 이 책을 학교에 가져갔지. 제니비브는 우리가 남길 유산을 위해 계속 책을 쓰라고 격려해 주었지. "사랑한다, 제니비브 커크우드!"

이 책이 돌파하는 삶을 위한 가치 있는 도구라고 생각하시는 모든 분과 주님의 것들을 더 추구하고 싶어하는 여러분의 갈망에 감사드립니다.

감사의 글

이 규모의 프로젝트에는 결승선을 통과할 수 있도록 밀어주는 팀이 필요합니다. 아내 다이앤(Diane)은 항상 나를 격려해 주는 팀의 응원단장이며, 다른 일들에 방해받을 때마다 책에 집중할 수 있도록 상기시켜 주었습니다. 아내의 격려는 그 어떤 격려보다 더 큰 의미가 있습니다.

이 책을 쓰는 내내 성령님께서 이전의 '천국 화폐 설교 시리즈'에서 사용하지 않았던 성경 구절과 통찰을 생각나게 하시고 말씀하고 계심을 느꼈습니다.

이 책을 쓰는 동안 지지해 주는 멋진 목회 팀이 있다는 것은 큰 축복입니다. 책을 마무리할 시간이 필요할 때, 그들은 나의 상황을 이해해 주었고, 돌봐야 할 목양적 사역들을 도맡아 주었습니다. 모든 일을 원활하게 진행해 주는 우리 교회 행정 목사이자 책과 관련된 소프트웨어 문제에 큰 도움을 준 듀에인 헤트(Duane Hett)에게 감사합니다. 멋

천국 화폐의 축복을 취하라

진 사무실 책임자인 티나 스미스(Tina Smith)는 당신이 만날 수 있는 가장 친절한 사람일 것입니다. 그녀는 내가 방해받지 않고 일할 수 있도록 배려해 주었습니다.

부목사 짐 한(Jim Hahn)은 교육과 제자 양육을 하는 데 큰 도움을 주었고, 그가 없었다면 많은 일을 할 수 없었을 것입니다. 프랭키 베니테즈(Franky Benitez) 목사는 숙련된 예배 인도자이자 설교자일 뿐만 아니라 내가 쓴 모든 글을 저장하고 백업해 주었습니다. 가장 최근에 팀에 합류한 알렉스 밀러(Alex Miller)는 이 시대의 청년들을 이해하는 데 탁월하며, 우리 청년부에 선물 같은 존재입니다.

나에게 늘 영감을 주는 트리니티 펠로우십 교회를 언급하지 않을 수 없습니다. 이 교회는 매주 이 책의 가르침이 전해지는 연구실입니다. 우리 교회 성도들은 전하는 메시지를 한 단계 더 발전시켜 다른 이들도 경험할 수 있도록, 이 책에 새겨 넣을 수 있도록 용기를 주었습니다.

이 책은 당신의 세계에 천국을 풀어놓는 방법을 알려 주고 당신의 영적 계좌를 개설해 줄 것이다.

선지자 하박국이 본 묵시(막중한 메시지, 하나님으로부터 임한 선포)라
(합 1:1 확대역 성경)

하박국서 1장 1절처럼 주님의 부담감이 하박국 선지자에게 임했다. 2장에는 "여호와께서 내게 대답하여 이르시되 너는 이 묵시를 기록하여 판에 명백히 새기되 달려가면서도 읽을 수 있게 하라"(합 2:2)는 말씀이 나온다. 나는 성령님께 이렇게 반응하기 위해 최선을 다해 왔다. 나는 내가 그려왔던 것을 글로 적으려 노력하기 이전에 주님의 부담감을 먼저 느꼈다. 나는 이 부담감이 줄어드는지 아니면 더 증가하는지 보기 위해 3년을 기다렸다. 내가 지금 이 계시를 적는 것으로 보아 짐작할 수 있겠지만, 이 부담감은 사라지지 않고 오히려 더 커졌다. 성령님은 이 책의 내용을 내 안에만 가둬 둘 것이 아니라, 밖으로 꺼내서 다른 사람들도 앞으로 달려나가기를 원하셨다. 지금 이 순간 성령님의 권위와 능력이 더욱더 강력해질 수 있도록 당신의 삶의 방식, 즉 당신

의 삶을 심는 방식이 더 적극적이 되기를 바란다.

호세아서 4장 6절은 "내 백성이 지식이 없으므로 망하는도다"라고 말한다. 이 책은 앞으로 임할 영원한 상급뿐만 아니라, 바로 이 순간을 위해 하늘과 땅을 연결해 주는 책이다. 지금은 그 어느 때보다 좋은 책들이 많다. 이 책은 당신이 받은 큰 그림을 아주 자세하게 볼 수 있도록 당신의 관점을 세밀하게 조정하여 당신의 계좌에 하나님께서 넣어두신 모든 것을 극대화할 수 있도록 도울 것이다.

제대로 이해하기

대여섯 살 되던 어느 크리스마스 기간에 텍사스주 에머릴로에 있는 밀람스 토이랜드(Milam's Toyland) 장난감 가게 앞 창문에 코를 대고 있던 내 모습이 아직도 기억에 생생하다. 나는 진열대에 전시되어 있는 자전거 한 대를 마치 데이토나 500 자동차 경주(매년 2월 플로리다주 데이토나 인터내셔널 스피드웨이에서 개최되는 카 레이스-편집자 주)에서 우승이라도 할 것처럼 대단하게 보고 있었다. 나는 '저 자전거만 탈 수 있다면, 이 세상에서 더 이상 원하는 것은 없을 텐데'라고 생각했다. 나는 어머니께 앞으로 2~3년 동안 생일 선물과 크리스마스 선물을 안 받아도 좋으니 그 자전거를 사달라고 협상하고 싶었다.

어머니는 그 자전거 가격이 얼마이며, 우리 가족이 구매할 수 있는 범위를 훨씬 벗어난다고 말씀하셨다. 나는 어머니께 이렇게 말씀드렸다. "늘 하시던 대로 수표를 써 주세요. 그 수표(미국은 당좌수표를 사용한다-역자 주)를 내면 저 자전거를 지금 가져갈 수 있잖아요." 나는 상황을 이해하지 못했다. 어머니는 수표를 쓰려면 은행 계좌에 돈이 있어야 한다고 설명해 주셨다. 어쨌든 그날 자전거는 살 수 없었고 나는 크게 실망했다. 소망은 사라졌지만, 이 세상에서 가장 특별하다고 생각한 그 자전거를 사기 위해서는 돈이 필요하다는 것을 배웠다. 이는 앞으로 살아가게 될 미래를 위한 교훈이었다.

> 너희 중의 누가 망대를 세우고자 할진대 자기의 가진 것이 준공하기까지
> 에 족할는지 먼저 앉아 그 비용을 계산하지 아니하겠느냐 (눅 14:28)

모든 것에는 대가가 있다. 거저 받는 것이라도 말이다. 우리가 거저 받는 것들도 누군가는 어디에선가 대가를 치른 것들이다. 하나님 나라가 어떻게 역사하는지와 이것에 필요한 대가를 이해하는 것은, 어떻게 기도할지와 기적을 믿고 소망하는지를 깨닫는 것에 아주 큰 도움이 되었다. "주의 은혜로 대속받았다"라는 옛 찬송가처럼 예수님께서 이 모든 대가를 치르셨음은 분명하다. 하지만 그렇게 치러진 대가를 내가 어떻게 적용하느냐는 큰 차이가 있다. 이는 막연히 바라는 것과 취하는 것의 차이다.

이 책은 당신의 세계에 천국을 풀어놓는 방법을 알려 주고 당신의 영적 계좌를 개설해 줄 것이다. 이 책을 통해 당신은 다음과 같은 것들을 얻을 수 있다.

- 모든 전투에서 이길 수 있는 영적 능력을 이미 입금해 놓았음을 인지하고 당신이 직면하는 모든 위기에 적용할 수 있는 더 큰 영적 권세를 받기 위한 능력을 키우는 방법을 배울 수 있다.
- 천국 통화의 다양한 레벨과 가치, 그리고 당신이 심어온 것들을 인출하는 법을 배울 수 있다.
- 더욱더 확신을 가지고 기도할 수 있게 된다. 당신의 기도가 빛의 아버지께서 당신을 위해 역사하시기를 요청하는 것처럼, 눈앞에 보이지 않는 것들도 일어날 것처럼 선포하는 기도로 바뀌는 것을 보게 될 것이다.
- 천국 자산을 당신의 승리를 위해 끌어오는 일에 있어서 성령님과 협업할 수 있는 법을 깨달을 수 있게 된다. 성령님은 예수님께서 우리에게 말씀하신 모든 것을 관장하는 분이다. 그분은 우리가 받은 것과 우리의 계좌에 있는 모든 것을 상기시켜 주신다. 나는 그것이 그동안 당신이 신실하게 믿고 기다려 온 모든 것 위에 하나님 영광의 가시적인 능력이 임하도록 해주는 기폭제가 될 것이라고 믿는다.

이 책이 우리에게 어떻게 하면 하나님 나라의 것들을 취할 수 있는지에 대한 분명한 그림을 보여 주기에, 이 책의 제목을 《천국 화폐의 축복을 취하라》로 정했다. 그렇다고 우리가 돈을 주고 하나님 나라의 것들을 살 수 있는 것은 아니지만, 이처럼 하늘과 땅의 교환을 경험할 수 있게 도와주는 열쇠들이 분명히 있다.

이 책을 통해 당신은 당신의 기도를 활성화하는 다양한 화폐와 그것들의 가치를 배우게 될 것이다. 당연히 예수님의 보혈이 당신이 가진 가장 가치 있는 화폐다. 그리고 당신은 그 값진 화폐를 사용하는 법과 여러 종류의 천국 화폐를 사용하는 법을 배우게 될 것이다.

무엇이 화폐의 가치를 결정하는가?

화폐란 재화나 서비스를 얻기 위해 교환하는 가치다. 화폐에는 많은 종류가 있다. 인간관계를 맺을 때도 감정의 화폐를 투자한다. 그리고 이 책에서 자세히 다룰 영적 화폐도 있다. 이 책에서 주로 다룰 내용은 천국 화폐의 선한 청지기가 되는 법과 천국 계좌에 예치한 금액 활용법이다.

화폐라는 용어는 역사적으로 금전적 화폐를 일컫는 데 주로 사용되었으며, 지폐 혹은 수표 등으로 불렸다. 이는 증서에 적힌 만큼의 금액을 특정 대상에게 지급한다는 약속이 되어 있는 종이다. 이 증서는 은행이 보증하기 때문에 은이나 금 등으로 교환이 가능하며, 음식이나 서비스 등으로 교환할 수 있다. 또한 지폐는 무언가를 지불하는 수단으로 유통되었다. 모든 나라에는 고유의 화폐와 지폐가 있다. 지폐 자체는 가치가 없지만, 그 지폐가 대표하는 것이 진짜 가치다.

각 나라의 화폐는 화폐를 발행하는 은행을 대표하며, 그 나라 정부의 힘은 그 화폐의 참된 가치를 신뢰할 수 있는지에 대한 척도가 된다. 각 나라의 화폐의 가치는 그 나라의 경제력과 안정성에 의해 결정된다. 미국 달러가 전 세계적으로 통용될 수 있는 것은 미국의 경제력과 군사력 때문이다. 국방력이 약한 어떤 나라의 정부를 적대국들이 지속적으로 위협한다면, 그 나라의 화폐도 약화되며 신용도 잃을 수밖에 없다.

천국의 화폐가 왜 그렇게 가치가 있느냐고 묻는다면, 바로 하나님 나라의 안정성 때문이다. 우리 하나님은 전쟁에서 패배한 적이 없으시며, 예수님의 부활이 그 화폐가 절대로 약화될 수 없다는 명백한 증거다. 당신이 예수님의 이름을 사용하면 하늘이 듣고 바로 반응한다는 것이 보증되는 것이다.

초등학교 시절에 나는 날씨가 좋으면 걸어서 학교에 갔다. 학교 근처에는 동네 어른이 운영하는 작은 가게가 있었다. 아버지는 나를 위해 그 가게에 외상 장부를 만들어 두셨다. 아침에 나는 학교에서 점심을 사 먹으라고 30센트를 받았고(점심 한 끼에 30센트면 충분했다), 집에 돌아오는 오후에는 그 가게에서 25센트 정도의 과자를 살 수 있게 해주셨다. 과자를 살 때마다 아버지의 이름을 장부에 적었는데, 월말에 그 외상값을 지불하는 사람이 아버지였기 때문이다.

내 친구들은 나와 같이 학교를 등하교하며, 오후에는 내가 그 가게에 매번 들른다는 사실을 알게 되었다. 어느 날 오후, 친구 한 명이 나를 따라 그 가게에 들어왔다. 그는 내가 낱개로 살 수 있는 몇 센트짜리 과자들을 적당량으로 신중하게 고르는 것을 보았다. 친구 데이브는 나를 따라 동일한 절차를 밟기 위해 내 뒤에 섰다. 가게 주인은 내 과자들을 세고 장부에 개수를 적었고, 나는 그곳에 아버지의 이름을 적었다. 데이브도 동일하게 하려 했지만 가게 주인은 그가 누구냐고 물었다. 데이브는 "나도 케리처럼 하고 싶어요"라고 했지만, 가게 주인은 눈을 크게 뜨고는 "케리 아버지는 내가 아는데, 네 아버지는 누구니?"라고 물었다. 데이브의 아버지는 그를 위해 외상 장부를 만들어 주시지 않았다.

당신은 천국에서 알려진 자인가? 당신은 천국에서 하나님의 아들 혹은 딸이 된 권리가 있는가? 그 절차와 해야 할 말을 아는 것만으로는 부족하다. 하늘의 아버지께서 개설해 주신 계좌가 있어야만 한다. 가짜 돈이나 화폐는 진짜처럼 보이고자 하는 노력에 불과하다. 천군 천사는 절대 그것에 반응하지 않는다. 영적 화폐는 우리의 물리적 지갑에 들어 있는 것이 아니라, 우리의 마음에 새겨져 있고, 도용당할 수 없는 도장으로 인쳐 놓았다. 성령님께서 인치셨고 하나님 나라 정부의 인증과 승인을 받은 것이다.

이 책을 읽을 때 당신은 하나님 나라의 정부가 얼마나 강력한지, 하나님 나라의 화폐가 얼마나 강력한지 발견하게 될 것이다. 또한 당신은 사람들이 자신들의 그릇된 영적 이익을 위해 사용하려 하는 가짜 화폐도 분별할 수 있게 될 것이다. 나는 당신이 이 책을 처음부터 끝까지 속속들이 읽고 천국 화폐의 능력과 가치를 발견하고, 어떻게 사용하면 되는지 알기를 소망한다. 천국은 당신이 동의하기를 고대하고 있다. 천사들이 그 값비싼 화폐에 어떻게 반응하는지를 알면 당신은 기뻐할 것이다.

이 세상의 화폐도 영향력이 있으며, 우리가 그 영향력을 어떻게 사용하는지가 마지막 때 그리스도의 심판의 보좌 앞에 설 때 청지기로서의 보상 기준이 될 것이다. 또한 초자연적 화폐에도 영향력이 있으며, 이 또한 청지기 역할을 요구한다. 마지막 때에 내가 주님 앞에 섰을 때, 내 친구들과 가족들의 삶에 있는 사탄의 구조와 영향력을 대적하라고 하나님께서 나에게 주신 영적 부요함과 영향력을 사용하지 않았음을 깨닫고 싶지 않다. 우리 중 많은 이가 천국 보좌의 방에서 이러한 것들을 받을 수 있다는 사실조차 모르고 살아간다. 마치 값비싼 자전거 갖기를 소망하고, 그 자전거를 얻기 위한 대가를 계산하는 소년처럼, 당신도 당신의 갈망이 어떻게 하면 이루어질 수 있는지, 즉 당신의 천국 계좌에 입금한 것에 어떻게 하늘이 응답하는지를 깨달을 수 있는 통찰력을 기를 수 있다. 이 책을 통해 당신은 당신의 천국 계좌에 이미 입금된 것을 어떻게 이 땅에 풀어놓는지를 배울 것이다.

어떤 사람들은 기도 응답을 잘 받고, 어떤 사람들은 받지 못하고 빈손이 되는지를 알기 위해 시작한 조사가 이제는 내 마음의 열정이 되었다. 어떤 사람들은 다른 사람들보다 삶에 대한 큰 영적 권세가 있는지 알고 싶어한다. 나는 더 많이 응답받을 수 있는 기도 방법이 있다는 것을 알고 있다. 나는 하나님께서 어떤 이들은 더 좋아하시고, 어떤 이들은 소외시킨다고 믿지 않았고, 지금도 하나님께서 편애하신다고 믿지 않는다. 하지만 하나님께서 그분의 나라에서 사는 법과 왕이신 하나님의 은총을 얻는 방법을 알고 이해하는 자들에게 은총을 주신다는 것을 알았다.

나는 응답받는 기도와 응답받지 못하는 기도들에 어떤 공통 분모나 서로 간의 연결 고리가 있는지를 찾기 시작했다. 성경에는 어떤 경우에 행동의 결과들이 달라지는지에 대한 비유적인 예들로 가득하다. 예를 들어 마태복음 13장의 '씨 뿌리는 자의 비유'는 씨가 뿌려진 환경에 따라 다른 수확이 거두어진다는 것을 명백히 보여 준다. 이런 구절은 기도 응답에도 여러 수준이 존재한다는 것을 말해 준다.

앞으로 더 알게 되겠지만, 하늘 저수지의 수문을 여는 방법은 하나만 있는 것이 아니라, 다양한 대가와 상급이 있다. 하지만 당연히 이 모든 방법은 예수님을 아는 지식에서 나온다. 잠언 13장 12절에는 "소망이 더디 이루어지면 그것이 마음을 상하게 하거니와 소원이 이루어지는 것은 곧 생명나무니라"고 기록되어 있다.

나는 당신이 이 책을 읽고 천국 지혜의 화폐를 사용하면 새로운 소망이 당신의 영혼 안에 살아나고, 당신의 기도가 성취되는 것을 보기 위해서 당신에게 주어진 귀중한 화폐를 어떻게 믿음을 통해 투자해야 하는지를 알게 될 것을 확신한다.

그래서 당신이 이 책을 읽기 전, 다음의 질문을 하고 싶다.

"당신은 천국 화폐의 부유한 소유자라고 믿는가, 아니면 천국 계좌에 예치된 것들을 받을 자격이 부족하다고 느끼는가?" 창세기 15장 6절은 아브람이 주님을 믿었고 하나님께서는 그것을 의로 여기셨다고 (credited) 말한다. 이것은 마치 아브람의 계좌에 회계적인 개념이 적용된 것과 같다. 아브람은 하나님이 하신 말씀을 믿었고, 그 믿음이 그의 계좌에 예치된 것이다. 나는 우리가 하나님을 신뢰하고 믿음으로 행동할 때 더 큰 차원의 영적 부와 권세를 위한 하나님의 신용도(credit)

가 우리 계좌에 부여된다고 믿는다.

지금 이 순간 천국에서 당신의 신용도는 몇 점인가? 더 많은 천국 예치금과 더 큰 영적 화폐에 관한 이해를 얻기 원한다면 이 책을 끝까지 완독하기 바란다.

Blood

Worship

SACRIFICE

Pray

Bible

Joy

Faith

LOVE

Blessing

Chapter **1**

천국 계좌는
정말 존재하는가

창세기 14장 14-23절에는 아브람이 훈련된 시종들을 거느리고 소
돔을 노략질한 열 왕이 붙잡아 간 조카 롯을 구출한 직후, 하나님과
아브람 사이에 주고받은 놀라운 대화가 나온다. 살렘의 왕 멜기세덱
은 대부분의 학자가 그리스도의 초림 이전에 한시적으로 있었던 하나
님의 혹은 그리스도의 현현이라고 말한다. 그 멜기세덱이 말씀과 성
령을 상징하는 떡과 포도주를 가지고 아브람을 만났다.

이 성경 구절에 묘사된 모든 삼위일체께서 하늘에서 동의할 뿐
만 아니라 이 땅에서도 동의한다는 것이 놀랍다(요일 5:7-8 참조). 삼위일
체 하나님이 이 땅에서 동의하신다는 것은 말씀, 성령, 보혈이신 삼위
일체 하나님께서 우리를 통해, 그리고 우리와 함께 이 땅에서 역사하
실 수 있도록 우리가 내어 드리는 것과 연관되어 있다. 삼위일체 하나
님이 이 땅의 믿는 자 중에 지상에 있는 삼위일체를 나타내는 이 세

가지가 지상에 있는 믿음의 사람들과 동의할 때, 하늘에 계신 세 분이 반응하게 된다. 그 동의를 이 땅에서 어떻게 적용하는지를 알게 될 때 이 땅에서의 역사가 일어난다.

히브리서 7장 15절은 시작과 끝이 없는 제사장 직분이자 살렘 왕이라는 묘사로 예수님과 멜기세덱과의 관계성을 언급한다. 그 말은 곧 멜기세덱이 주었던 동일한 축복이 신약 시대인 오늘날까지도 이어져 우리에게 주어진 축복에 포함된다는 결론이 된다. 멜기세덱은 아브람을 이같이 축복하였다. "그가 아브람에게 축복하여 이르되 천지의 주재이시요 지극히 높으신 하나님이여 아브람에게 복을 주옵소서"(창 14:19).

이 구절에서 아브람의 하나님이라는 표현이 아닌 하나님의 아브람이라는 표현이 사용되었다(NKJV 기준-역자 주). 이 말은 축복을 선포하는 주체가 하나님이심을 확증해 준다. 하늘과 땅의 소유자의 선포가 아브람이 이 땅의 영역에서의 권세뿐만 아니라 하늘 영역에서의 권리도 가질 수 있도록 길을 열어 주는 것이다.

그리고 멜기세덱은 아브람에게 십분의 일을 떼어 주었다(NKJV 및 히브리어 원문은 그가 그에게 십일조를 주었다고 번역한다-역자 주). 십일조 혹은 십분의 일은 시험의 숫자다. 십일조의 시험은 특별한 권세를 부여한다. 십일조는 거룩하게 구별된 몫이다. 그저 숫자상으로 십분의 일을 드리는 것이 아니라, 추수의 첫 십분의 일이어야 한다. 예언적으로 하나님께서는 아브람에게 거룩하게 구별된 몫을 주심으로 보좌의 방에 들어올 수 있는 권한을 약속으로 주신 하나님의 뜻을 확증해 주신 것이다. 이어서 창세기 15장 1절에서 하나님은 하나님이 그의 방패이자 지극히 큰 상급이라며 아브람을 축복하신다. 하나님은 그에게 부와 영향력뿐만 아니라, 하나님께서 주신 것들을 직접 지키실 것도 약속하신다.

> 그를 이끌고 밖으로 나가 이르시되 하늘을 우러러 뭇별을 셀 수 있나 보라
> 또 그에게 이르시되 네 자손이 이와 같으리라 (창 15:5)

이보다 더 좋은 축복이 있을까 싶을 때, 하나님은 창세기 15장 5절에서 아브람을 밖으로 데리고 나가서 "하늘을 우러러 뭇별을 셀 수 있나 보라"고 하신다. 수를 세라고 강조하신 부분을 주목하라. 별들은 보통 가정과 유업을 상징한다. 하나님께서는 "별의 수만큼이나 자손들이 많게 될 것이다"라고 말씀하신 것이다. 그때 아브람에게는 아직 자식이 없었다. 하나님께서는 그가 상상할 수 있는 것 이상으로 그의 믿음을 확장해 주신 것이다. 하나님께서 아브람을 장막 안에서 밖으로 데리고 나가서 '위를 바라보라'고 하신 부분이 중요하다. 우리에게 익숙한 것만 보고 있으면 우리의 시야와 사고방식이 좁아진다. 하나님께서는 아브람에게 땅 위에서의 영향력뿐만 아니라 하늘에서의 영향력도 배가시키신 것이다. 이 구절에 내포된 이러한 의미를 놓쳐서는 안 된다.

멜기세덱은 아브람에게 하나님이 천지의 주재, 즉 이 땅의 소유자임을 말하기 전에 하늘의 소유자임을 먼저 말했다. 우리가 천국을 소

유하지 않으면 이 땅에서 큰 영향력을 가질 수 없기 때문에 이것은 아주 중요하다. 예수님도 마태복음 6장 10절에서 "나라가 임하시오며 뜻이 하늘에서 이루어진 것 같이 땅에서도 이루어지이다"라고 기도 하시며 제자들에게 구체적인 기도 방법을 알려 주셨다. 땅이 하늘의 리더십과 인도함을 따라가는 것이 순서인 것이다. 천국이 이 땅에서 동역할 질그릇들을 찾고 있음을 아는 것이 매우 중요하다.

> 우리가 이 보배를 질그릇에 가졌으니 이는 심히 큰 능력은 하나님께 있고
> 우리에게 있지 아니함을 알게 하려 함이라 (고후 4:7)

창세기 15장 6절은 이 모든 것을 연결 짓는 고리다. 아브람은 주님을 믿었고, 하나님은 그를 의롭다고 여기셨다(account, 회계, 계산, 계좌 등의 의미가 있다-역자 주). 하나님은 여기서도 회계 용어를 사용하신다. 바울 사도도 갈라디아서 3장 5-6절에서 동일한 계시를 받았다. 회계를 의미하는 헬라어 단어는 '계수하다'와 '목록을 만들다'를 의미하는 두 단어로 이루어진 로기조마이(logizomai)다. 목록을 만드는 것은 사업적으로 아주 중요하다. 당신의 영향력을 증가시키고 배가시키는 데 당신의 재산 목록을 사용하기 때문이다. 당신의 재산 목록이야말로 더 많은 재산이나 씨앗을 거두기 위해 심는 것이다.

군사적 관점으로 보면, 자산 목록은 당신이 전쟁에 임하기 전 조사해야 하는 물자와 무기들이다. 하나님께서는 아브람에게 그가 천국 계좌에 하늘을 이 땅에 임하게 하는 데 사용될 자산을 예금한 것을

보여 주신 것이다. 그의 땅에서의 영향력은 그가 천국에 입금한 예치금과 연결되어 있다. 심은 대로 거두는 것이다(고후 9:6). 하늘에 심는 것은 이 땅에서 열매를 맺는다.

우리는 천국에 계좌가 있음을 알아야 한다. 그 계좌는 그저 마지막 때에 우리에게 주어질 보상만을 위한 것이 아니라, 우리가 매일 싸우는 전쟁을 위해 지금 이 땅에서 받을 수 있는 자산이다. 하늘나라에서 영적 파산을 하면, 이 땅의 특정 지역을 주관하는 정사들의 공격에 취약해질 수 있다.

마가복음 9장 17-29절에서 예수님께서는 우리에게 다양한 수준의 권세의 예시들을 보여 주신다. 말 못 하게 하는 귀신에게 사로잡힌 아들을 둔 한 남자가 예수님의 제자들에게 요청했으나 그들이 귀신을 쫓아내지 못했다며 예수님께 아들을 데려와서 도움을 요청하며 부르짖는다. 그 아버지가 예수님께 아들을 데리고 오자마자 귀신들은 그 아들에게서 발작을 일으켰다. 예수님은 그 귀신을 꾸짖으셨고, 소년을 괴롭히던 영이 나갔다. 나중에 제자들은 예수님께 왜 자신들은 소년에게서 귀신을 쫓아내지 못했는지를 질문한다. 이전에 예수님께서는 악한 영들을 쫓아내고 병을 고칠 수 있는 권세와 함께 제자들을 파송하였고 그때 그들은 이미 어느 정도 성공적인 축사를 경험했었다. 그렇기 때문에 그들은 왜 소년을 자유롭게 해줄 수 없었는지에 대해 당황할 수밖에 없었다.

예수님께서 제자들에게 말씀하셨다. "이르시되 기도 외에 다른 것으로는 이런 종류가 나갈 수 없느니라"(막 9:29). 금식은 육신을 주님께 순복시키기 위해 우리 모두가 활용해야 하는 훈련이다. 귀신이 우리의 금식을 무서워하는 것은 아니며, 하나님도 우리의 금식에 감동받으시는 것은 아니다. 하지만 금식은 우리의 육신을 연약하게 함으로써 우리에게 임하시는 성령님의 영향력을 더 크게 만들어준다.

내가 생각하기에 제자들은 아직 그 정도의 권세를 가진 귀신을 몰아낼 만큼의 예치금이 그들의 영적 계좌에 없었다. 제자들은 아직 소년이 어렸을 때부터 뿌리 깊게 자리 잡았던 귀신을 제거할 만큼 강한 권세를 얻지 못한 것이다. 이후 제자들은 더 큰 믿음과 권세를 받아 다른 걸림돌을 극복하게 된다.

과거에는 왕들이 군사력과 권력으로 그들의 왕국을 다스렸다. 그리고 다른 왕국을 정복할수록 그들은 더 강력해졌다. 한 왕이 다른 왕국의 영토를 점령하면, 그는 그 나라의 멸망한 왕의 왕관을 취해 머리에 쓰고 말을 타고 거리를 행진하며 새로운 왕이 이제 통치하게 되었음을 선포하였다. 매번 승리할 때마다, 그의 왕국의 영향력과 통치력은 강화되었다.

우리는 정복을 당하는 것이 아닌 정복함으로 권세를 받는다. 아브람은 하나님과의 만남 이후에 아브람에서 많은 자의 아비를 뜻하는 아브라함으로 이름이 바뀌었다. 많은 믿는 자들은 이미 어떠한 권세의 자리에 있다. 하지만 그들은 아직 이 시대의 정사들을 처리할 수 있는 수준으로 자기 계좌의 자산을 증식하지는 못했다.

고넬료의 천국 계좌

사도행전 10장에는 고넬료의 이야기가 나온다. 이 이야기는 천국에 자산을 예치하는 것에 대한 나의 말을 확증해 준다. 고넬료는 유대를 점령했던 로마의 일원이었다. 그는 백부장이었으며 최소 백 명의 병사에게 명령할 수 있는 위치에 있는 사람이었다. 성경은 고넬료가 하나님을 경외하는 경건한 사람이었다고 묘사한다. 또한 자신의 가정도 동일한 원칙으로 경영하며 가난한 자들을 구제하는 것으로 알려졌다. 그러한 고넬료가 주님의 천사 방문을 받는다. 고넬료가 주님께 여쭈었을 때 천사는 그에게 이렇게 말한다. "고넬료가 주목하여 보고 두려워 이르되 주여 무슨 일이니이까 천사가 이르되 네 기도와 구제가 하나님 앞에 상달되어 기억하신 바가 되었으니"(행 10:4). '기억하신 바'에 사용된 헬라어는 므네모쉬논(mnémosunon)이다. '기억을 위해 기록하다'라는 매우 특정한 의미를 가진 단어다.

고넬료와 관련하여 언급된 이 세 가지는 그저 한순간 지나간 일이 아니었다. 하나님께서는 천국에 그의 이름으로 된 계좌와 그의 행위가 기록된 영수증이 있다는 것을 고넬료가 알기 원하셨다. 다음 날한 천사가 베드로에게 보내어졌는데, 베드로는 이방인들에 대한 편견이 있었다. 베드로가 지붕에서 저녁을 기다리는 동안 정결하지 않은, 즉 유대인이 먹어서는 안 되는 동물들이 내려오는 환상을 보았다. 그리고 하나님은 그에게 세 번 "잡아 먹어라"고 하셨다(행 10:13-16).

그때마다 베드로는 어느 유대인이라도 그랬을 것처럼 "속되고 깨

천국 화폐의 축복을 취하라

끗하지 아니한 것을 내가 결코 먹지 아니하였나이다"라고 대답한다. 그러자 주님은 환상 중에 "하나님께서 깨끗하게 하신 것을 네가 속되다 하지 말라"고 하셨다(행 10:15). 이 환상은 세 번 반복되었다. 바로 그 때 고넬료가 베드로를 찾기 위해 보낸 사람들이 집에 와서 그가 고넬료의 집에 와야 한다고 말해 주었다. 고넬료가 체험한 천사의 방문이 천국에 있는 그에 대한 기록, 다른 말로 하면 그의 계좌에서 자산을 인출하여 하나님의 응답을 가져와 이방인들에 대한 베드로의 사고방식을 바꿔놓았다. 그리고 이방인들에게 복음이 전파되는 문을 여는 계기가 되었다. 주님의 천사가 전한 말에 대한 순종과 가난한 자들을 향한 구제로 인해 그의 계좌가 확장된 것이다.

우리 중 많은 사람이 하나님께 선하고 큰 기도들을 드린 후, 작은 찻잔을 내밀며 응답을 달라고 한다. 아마도 우리가 응답을 아직 받지 못하는 이유는 우리가 구한 것을 받기 위한 그릇을 넓히지 못했기 때문일 것이다. 그렇기 때문에 우리 중 많은 이가 그만한 수준의 권세를 감당할 수 있는 청지기의 역량을 아직 키우지 못해서 응답을 받지 못하는 것이다.

나는 하나님의 말씀에 대한 우리의 행동과 반응이 천국의 회계부서로 전달되고 있음을 보기를 원한다. 주님은 우리보다 회계를 더 잘하신다. 아주 단순한 순종이 천국 계좌에 우리가 상상할 수도 없을 만큼 큰 예치금으로 입금될 수도 있다. 그저 당신이 천국에서 알려진 자이고, 당신이 생각하는 것보다 더 부유한 자임을 기억하라.

사도행전 19장 11-20절은 바울 사도가 행한 특이한 기적들에 대한 기록이다. 그의 손수건이나 앞치마만 가져가도 병든 자들이 치유되고 악한 영들이 떠나간 내용도 나온다. 돌아다니며 마술을 행하던 자들도 "바울이 전파하는 예수를 의지하여 너희에게 명하노라"며 주 예수의 이름을 부르며 귀신들린 자들에게 사역하려 하였다. 스게와라는 이름의 제사장의 일곱 아들도 악한 영을 쫓아보려 시도했다. 그러나 그 악한 영은 "이르되 내가 예수도 알고 바울도 알거니와 너희는 누구냐" 하였다. 그리고는 귀신들린 사람이 그들에게 뛰어올라 눌러 그들 모두를 제압했다. 그가 그들을 폭행하여 그들은 벌거벗고 피를 흘리며 그 집에서 도망갔다(행 19:15-16). 당연히도 스게와의 아들들과 다른 이들의 천국 계좌는 파산 상태였을 것이다. 천국은 누가 주 예수 그리스도께 속한 자인지 아닌지 알 수 있으며, 그분을 아는 자만이 그분 이름의 능력과 권세를 사용할 수 있는 것이다. 하나님의 능력이 풀어지는 것을 보는 것은 그저 축사 사역 세미나에 참가하고 수료증을 받는 것만으로는 충분하지 않다.

천국에 있는 당신의 계좌는 주님을 친밀하게 아는 것과 직결되어 있으며, 그저 주님에 대해 지식적으로 아는 것만으로는 부족하다. 예수님께서 당신을 아시는가? 악한 귀신들은 예수님과 그분 이름의 보호를 받는 자들이 누군지 확실히 알고 있다. 요한복음 20장 22절에는 예수님께서 "이 말씀을 하시고 그들을 향하사 숨을 내쉬며 이르시되 성령을 받으라"고 하시는 장면이 나온다. 이 시점은 성령 세례가 임하기 이전이었지만, 그럼에도 예수님께서 "아버지께서 나를 보내신 것같이 나도 너희를 보내노라"고 말씀하시며 그들을 파송하신 것이다

(요 20:21). 오늘날까지도 어떤 이들은 이때 예수님께서 그들에게 숨을 내쉼으로 아버지의 이름을 그들 안에 임파테이션(impartation)하셨다고 믿는다. 이는 마치 어떤 대사가 자기 나라 정부의 의도와 메시지를 대표하여 다른 나라에 전하라고 파송받는 것과도 비슷하다.

그 일이 있은 지 얼마 후, 제자들은 파송에 합당한 권세를 받았을 뿐 아니라, 사도행전 2장에 나오는 성령 세례를 받고 능력을 입게 된다. 스게와의 아들들도 악한 영들을 쫓으려 했지만 그들은 하나님 나라가 아닌 자기 이익을 대변하는 자들이었다. 성령 세례는 제자들이 파송된 목적을 수행할 수 있는 능력을 주었다. 새로운 성령 세례와 함께 하나님 나라의 일을 수행할 수 있는 담대함과 자신감도 임했다.

사도행전 3장 2-7절에서 베드로와 요한이 성전에 기도하러 갈 때에 우리는 권세가 능력으로 변화되는 과정을 볼 수 있다. 미문이라는 곳에 절름발이 남자가 있었는데, 흥미로운 점은 미문은 '적절한 타이밍의 문'이라고 번역된다는 것이다. 절름발이 남자는 그날도 분명히 늘 돈과 먹을 것을 구걸하던 그 장소에 있었을 것이다.

베드로가 이 쇠약한 남자를 본 것이 그날이 처음은 아니었을 것이다. 하지만 성령 세례를 받은 후에는 모든 것이 변했다. 베드로 사도는 그 가엾은 남자가 더 이상 치유 불가능의 대상으로 보이거나 그에게 그저 동정심만을 느끼지 않았다. 이제 그들은 절름발이 남자를 성령님의 눈으로 바라보게 되었다. 큰 담대함을 가지고 베드로는 그에게 일어나 걸으라고 명하였다. 성령님의 능력을 강하게 신뢰한 베드로는 그의 손을 잡아 일으켰다.

성령 세례를 받은 자들은 더 이상 그들이 받은 새로운 가르침을 시도할 때 어떤 일이 생길지 그저 기다리며 지켜보기만 하지 않는다. 대신 그들의 임무를 수행할 권세와 권능을 가지고 예수님의 이름을 전하며 사람들에게 전수해 주었다. 사도들은 자신들의 천국 계좌에 예치된 화폐를 인출해 하늘에서 이루어진 일이 이 땅에서도 이루어지도록 사용하기 시작했다. 사도행전 4장 33절은 "사도들이 큰 권능으로 주 예수의 부활을 증언하니 무리가 큰 은혜를 받아"라고 말한다. 성령 세례는 그들을 위해 천국에 예치된 화폐를 사용할 수 있게 해주었다.

성령 세례를 받은 자들은 더 이상 그들이 받은 새로운 가르침을 시도할 때 어떤 일이 생길지 그저 기다리며 지켜보기만 하지 않는다. 대신 그들의 임무를 수행할 권세와 권능을 가지고 예수님의 이름을 전하며 사람들에게 전수해 주었다.

Blood
Worship
SACRIFICE
Pray
Bible
Joy
Faith
LOVE
Blessing

Chapter 2

예수님의 보혈:
가장 값진 천국의 화폐

신약에서는 예수님의 보혈이 가장 중요한 요소임은 자명하다. 보혈이야말로 마귀가 쥐고 있던 인류에 대한 소유권을 파기하고 모든 것을 바꿔놓았다. 하나님께서 아들 예수 그리스도를 희생 제물로 삼으심으로 마귀를 멸하시는 것이 그분의 계획이었다. 그리고 이 계획은 마귀를 당황하게 했다. 그가 전혀 예상하지 못한 방법이었다. 예수님의 피는 아담의 혈통을 없애셨고 썩지 않는 씨, 즉 그리스도 씨의 혈통을 새로 주셨다. 히브리서 9장 22절에 나오듯이 피를 흘리지 않고서는 속죄를 할 수 없다.

왜 예수님의 피가 천국의 화폐인지 아는가? 왜 그런지를 아는 것이 예수님의 보혈 속에 있는 능력을 풀어내는 것만큼이나 중요하다. 고린도전서 2장 8절은 우리에게 말한다. "이 지혜는 이 세대의 통치자들이 한 사람도 알지 못하였나니 만일 알았더라면 영광의 주를 십자가에 못 박지 아니하였으리라."

　루시퍼는 영광의 자리에서 어둠의 땅으로 쫓겨났으며, 그곳에서 통치자이자 어둠의 군주가 되었다. 천군 천사 누구도 피에 대해 알지 못했다. 그들은 영적인 육신만 가졌을 뿐이며, 인간의 창조 이후에 처음으로 혈과 육을 접하게 되었다. 창세기 2장 7절은 "여호와 하나님이 땅의 흙으로 사람을 지으시고 생기를 그 코에 불어넣으시니 사람이 생령이 되니라"고 말한다. 인간의 창조에는 두 과정이 진행되었다. 첫 번째 과정(asah(아사))은 하나님께서 이 땅의 흙으로 사람을 빚으셨다는 것이다. 히브리어 아사(asah)는 마치 토기장이가 질그릇을 만드는 것처럼 이미 있는 물질을 어떤 모양으로 눌러서 만드는 것을 의미한다. 이 과정을 통해 아담은 육신을 얻었다. 두 번째 과정(brera(브레라))은 생명체로 만드는 것이다. 흙으로 빚는다는 것은 지상에 이미 존재하는 물질로 만드는 것이고, 브레라는 지상에 존재하지 않는 물질로 생명을 불어넣는 것을 의미한다.

　하나님께서 프뉴마(pneuma)를 사람에게 숨으로 불어넣으셨을 때, 아주 근본적인 변화가 일어나기 시작했다. 원어는 아담이 '말하는 영'이 되었다고 말한다. 아담은 하나님 나라인 다른 세계의 씨앗을 받은 것이다. 하나님의 호흡을 통해 아담은 하나님의 유전자(DNA)를 지니게 된 것이다. 이 부분이 우리에게 다시 보혈에 집중하게 한다. 하나님은 아담에게 땅에서 땅으로의 연결뿐만 아니라 땅에서 하늘로의 연결도 주셨다. 레위기 17장 11절은 "육체의 생명은 피에 있음이라 내가 이 피를 너희에게 주어 제단에 뿌려 너희의 생명을 위하여 속죄하게 하였나니 생명이 피에 있으므로 피가 죄를 속하느니라"고 말한다.

만약 하나님께서 사람에게 호흡을 불어넣으시고, 생명을 주시고, 그 피 안에 생명이 있다면 아담의 피는 하나님의 생명 혹은 하나님의 영으로부터 왔다고 결론지어야 함이 마땅하다. 예수님의 보혈을 적용하는 방법을 이해하면 하늘과 땅의 모든 것에 영향력을 행사할 수 있게 된다. 루시퍼가 인류에 들어갈 수 있는 유일한 방법은 혈통을 통해서다. 뱀을 통해 하나님의 창조 세계에 처음으로 죄가 침투할 수 있는 틈이 생기게 된 것이다. 하나님은 아담과 친밀한 관계 맺기를 원하셨다. 하지만 하와는 외부로부터 온 위조품이 그 관계에 들어오도록 허락했다.

그러한 불순종의 행위로 인해 루시퍼는 거룩한 혈통을 감염시켜 이 땅에서의 하나님 영광의 나타내심을 파괴하게 하였다. 그 후 혈통이 깨끗하게 되어 원래 우리에게 자신의 유전자를 주신 하늘 아버지와의 친밀한 관계로 다시 회복되기 위해서는 반드시 보혈이 필요하다. 이제 모든 인류는 도덕적으로 파산했고 에덴동산 밖에서 살도록 쫓겨나게 되었다. 하나님과 인간 사이에는 거룩한 유전자, 순수하고 썩지 않는 혈통에서 나온 화폐로 닫히고 회복되어야 하는 틈이 생긴 것이다. 아담에서 가인에 이르는 혈통은 오염되었다. 로마서 5장 9-10절은 다음과 같이 말한다.

그러면 이제 우리가 그의 피로 말미암아 의롭다 하심을 받았으니 더욱 그
로 말미암아 진노하심에서 구원을 받을 것이니 곧 우리가 원수 되었을 때

에 그의 아들의 죽으심으로 말미암아 하나님과 화목하게 되었은즉 화목하

게 된 자로서는 더욱 그의 살아나심으로 말미암아 구원을 받을 것이니라

그리고 요한복음 1장 4-5절은 "그 안에 생명이 있었으니 이 생명은 사람들의 빛이라 빛이 어둠에 비치되 어둠이 깨닫지 못하더라"고 말한다. 빛과 생명 사이의 연결에 주목하라. 예수님 안에는 생명이 있고 그 생명은 피 안에 있으며, 그분 안에는 빛이 있고 그 빛은 빛나고 어둠은 빛을 이길 수 없거나 그 빛 위로 올라설 수 없다. 어둠은 빛의 발등상이다. 천국의 화폐에서 빛과 피는 가장 높은 지위에 있다. 루시퍼는 영광의 자리를 잃었다. 그는 하나님 보좌의 방을 덮는 그룹 천사의 자리에서 어둠과 혼돈의 땅으로 쫓겨나 어둠의 군주로 불리게 되었다. 그러므로 우리는 빛과 피의 화폐가 타락한 세력을 지배하고 있음을 알 수 있다.

피에도 목소리가 있다

과학이 성경의 진리를 따라잡을 때 나는 매우 흥분된다. 과학은 빛이 적혈구와 접촉할 때 소리의 파동을 방출한다는 사실을 발견했다. 이 음파는 사람의 귀로는 들을 수 없는 영역의 초음파이지만 영의 귀로는 들을 수 있다. 혈액이 방출하는 소리가 의심할 여지 없이 음속보다 더 빠르게, 아마도 빛의 속도로 이동한다고 생각해 보라. 하나님

께서 가인에게 동생 아벨이 어디 있느냐고 물었을 때, 가인은 "모릅니다, 제가 아우를 지키는 사람입니까?"라고 퉁명스럽게 대답했다. 하나님께서는 어떤 일이 있었는지 알고 계셨지만, 가인이 직접 고백하기를 원하셨다. 그러자 주님은 "네가 무슨 일을 저질렀느냐? 네 아우의 피가 땅에서 내게 울부짖는다"고 하셨다(창 4:9-10 참조). 하나님의 생명을 통해 아담에게 주어지고, 아벨에게도 주어진 그의 생명에는 목소리가 있었다.

불순종으로 타락한 아담의 피에도 소리가 있을 정도면, 썩지 않는 예수님의 보혈은 얼마나 더 온 하늘에 울려 퍼지겠는가? 빛과 영광이 예수님의 보혈과 연결될 때 하늘이 움직이고, 어둠은 우리 앞에 굴복하게 된다. 요한복음 1장 3절에는 놀라운 말씀이 나온다. "만물이 그로 말미암아 지은 바 되었으니 지은 것이 하나도 그가 없이는 된 것이 없느니라."

위 구절의 요소들을 서로 연결하면 이 말씀은 매우 강력해진다. 아들이신 예수님과 성령님 없이는 아무것도 창조되지 않았다. 하나님이 말씀하시면 성령님은 하나님의 말씀을 나타나게 하셨다. 하나님의 어린양은 창조 당시에도 존재했다. 요한계시록 13장 8절은 하나님의 어린양이 창세 때부터 죽임을 당했다고 묘사하는데 이는 하나님의 아들이 무엇을 할 것인지가 미리 결정되어 있었다는 것을 의미한다.

창조 당시에 있었던 동일한 능력과 영광이 이제 모든 믿는 자들 안에 거하신다. 창조 때 선포된 음성이 예수님의 보혈을 통해 우리에게 있고, 우리를 통해 오늘도 말씀하신다는 것을 기억하기 바란다. 히브리서 1장 2-3절은 다음과 같이 말한다.

> 이 모든 날 마지막에는 아들을 통하여 우리에게 말씀하셨으니 이 아들을 만유의 상속자로 세우시고 또 그로 말미암아 모든 세계를 지으셨으니라 이는 하나님의 영광의 광채시요 그 본체의 형상이시라 그의 능력의 말씀으로 만물을 붙드시며 죄를 정결하게 하는 일을 하시고 높은 곳에 계신 지극히 크신 이의 우편에 앉으셨느니라

우리는 마지막 때(예수님의 부활부터 시작된)를 살기 때문에 아들과 성령님이 우리에게 말씀하시는 것이다.

이 구절에 나오는 매우 흥미로운 단어가 당신이 예수님의 피와 연결되는 방법을 바꿀 것이다. 예수님은 아버지 형상의 표현이자 아버지의 인격이시다. 인격(person)이라는 단어는 사실 합성어다. 퍼(per)는 '통과한다'는 뜻이고, 손(son)은 '소리' 또는 '음향'을 의미한다. 따라서 예수님은 아버지의 소리가 통과하는 분이라고 말할 수 있다. 그리고 그리스도께서 우리 안에 거하시므로 우리도 보혈의 소리가 통과하는 사람들이라고 말할 수 있다.

마태복음 27장 46-53절에는 하늘과 땅 사이에서 십자가에 매달리신 예수님의 마지막 시간이 기록되어 있다. 피가 땅에 떨어지고 예수님께서 마지막 희생 제물로 영을 내어 드리실 때, 성전 휘장이 위에서 아래로 찢어졌다. 마태복음 27장 51절에는 "이에 성소 휘장이 위로부터 아래까지 찢어져 둘이 되고 땅이 진동하며 바위가 터지고"라고

되어 있다. 지진이 일어난 것이다. 그때에는 그분의 음성이 땅을 흔들었지만, 지금은 히브리서 12장 26절을 통해 "내가 또 한 번 땅만 아니라 하늘도 진동하리라"고 약속하셨다.

시내산에서도 하나님의 음성이 들려와 주변 땅을 뒤흔들었다. 예수님 보혈의 음성은 땅을 흔들었을 뿐만 아니라 이제 하늘들, 즉 둘째 하늘과 셋째 하늘도 흔들었다. 둘째 하늘은 타락한 천사들이 어둠 속에서 그들의 권세를 가지고 있는 곳이다. 그러나 주님의 피가 시은좌 위에 놓여져 모든 죄를 구속하기 위한 빚을 영원히 갚게 되었다.

아담이 에덴동산에서 잃어버린 것을 예수님께서 회복하시고 아담의 후손에 대한 마귀의 통치권을 끊어 버리셨다. 가인의 혈통은 깨끗하게 되었고, 우리는 예수님의 보혈로 하나님께 가까이 가게 되었다. "이제는 전에 멀리 있던 너희가 그리스도 예수 안에서 그리스도의 피로 가까워졌느니라"(엡 2:13). 이제 당신과 나는 그분의 보혈을 통해 하나님과 가까워졌으며, 이 말은 이제 우리도 하늘에서 목소리를 낼 수 있게 되었음을 의미한다.

루시퍼는 그에게서 불의가 발견되기 전까지 기름 부음 받은 그룹 천사, 즉 빛을 가진 자로서 계명성이라고 불렸다(겔 28:14). 하나님의 아들이신 예수님은 광명한 샛별이라고 불리셨다. 루시퍼는 빛과 영광의 힘에 대해 이해했지만, 그의 아름다움을 잃고 어둠에 빠졌다. 그는 빛 가운데 살며 헌신하기로 선택한 사람들이 받은 힘과 권위를 잘 알고 있다. 시편 119편 130절은 "주의 말씀을 열면 빛이 비치어"라고 말한다. 하나님의 말씀은 그분의 보혈의 빛, 즉 계시를 활성화한다. 빛과 피가 만날 때 구원이 이루어진다.

보혈은 말한다

히브리서 12장 24절은 "새 언약의 중보자이신 예수와 및 아벨의 피보다 더 나은 것을 말하는 뿌린 피니라"고 말한다. 이 구절에서 중보자라는 단어가 강조된다. 중보자를 뜻하는 헬라어는 메소스(mesos)다. 간단히 말해 중간에 있다는 뜻이다. 예수님께서 하나님과 인간 사이에 자신을 두신 것은 분명하다. 그러나 그뿐 아니라 예수님은 우리와 우리의 원수 마귀 사이에 자신을 두셨다. 그분의 보혈이 죄의 노예됨과 우리 모두가 필요한 구원 사이에 위치하는 것이다. 우리는 출애굽 이야기에서 주님이 이집트에서의 노예 된 삶에서 자기 백성을 불러내셨을 때, 그분의 보혈이 그들을 변호했음을 명확히 볼 수 있다. 출애굽기 12장은 각 집을 위해 선택된 어린양의 피가 가진 상징성을 보여 줄 뿐만 아니라 하나님의 어린양의 피의 화폐가 가진 권세를 인식할 수 있게 한다. 주님께서는 모세에게 다음과 같이 말씀하셨다.

> 이 달을 너희에게 달의 시작 곧 해의 첫 달이 되게 하고 너희는 이스라엘
> 온 회중에게 말하여 이르라 이 달 열흘에 너희 각자가 어린 양을 취할지
> 니 각 가족대로 그 식구를 위하여 어린 양을 취하되 그 어린 양에 대하여
> 식구가 너무 적으면 그 집의 이웃과 함께 사람 수를 따라서 하나를 취하며

각 사람이 먹을 수 있는 분량에 따라서 너희 어린 양을 계산할 것이며 너
희 어린 양은 흠 없고 일 년 된 수컷으로 하되 양이나 염소 중에서 취하고
이 달 열나흘날까지 간직하였다가 해 질 때에 이스라엘 회중이 그 양을 잡
고 그 피를 양을 먹을 집 좌우 문설주와 인방에 바르고 (출 12:2-7)

유월절은 유대인들의 달력이 초기화되는 날이기도 하지만, 노예
의 삶이 끝나고 그들이 이전에 미처 알지 못했던 하나님과의 관계에
서 자유를 누리는 삶으로의 초기화이기도 했다. 유월절은 구원과 변
화를 상징한다. 피의 언약의 능력을 이해하면 하나님 보좌의 방에 들
어갈 수 있게 된다. 이스라엘 백성은 흠이 없는 양을 선택하도록 지시
받았다. 출애굽기 12장 13절은 "내가 애굽 땅을 칠 때에 그 피가 너희
가 사는 집에 있어서 너희를 위하여 표적이 될지라 내가 피를 볼 때에
너희를 넘어가리니 재앙이 너희에게 내려 멸하지 아니하리라"고 말한
다. 우리 대부분은 이 구절을 읽을 때 하나님께서 이집트 땅을 날아
다니시며 멸망을 면할 표가 있는 집을 찾으시고, 피의 표가 없는 집의
장자는 멸하시는 모습을 상상할 것이다.

히브리어로 유월절은 페샤흐(Pesach)다. '덮다' 또는 '넘어가다'라는
뜻이 있다. 이는 하나님께서 집 문설주에 묻은 피를 보시고 그 집에
오셔서 그 집을 덮으시거나 가려주신다는 의미다. 하나님께서 죽음의
천사가 들어가 다니며 심판하도록 허락하셨지만, 하나님께서 죽이시
는 것은 아니다. 요한계시록 9장 1-4절은 이렇게 말한다.

다섯째 천사가 나팔을 불매 내가 보니 하늘에서 땅에 떨어진 별 하나가 있는데 그가 무저갱의 열쇠를 받았더라 그가 무저갱을 여니 그 구멍에서 큰 화덕의 연기 같은 연기가 올라오매 해와 공기가 그 구멍의 연기로 말미암아 어두워지며 또 황충이 연기 가운데로부터 땅 위에 나오매 그들이 땅에 있는 전갈의 권세와 같은 권세를 받았더라 그들에게 이르시되 땅의 풀이나 푸른 것이나 각종 수목은 해하지 말고 오직 이마에 하나님의 인침을 받지 아니한 사람들만 해하라 하시더라

무저갱의 열쇠를 받은 타락한 천사는 주님께서 하나님 피의 언약 아래 있는 사람들의 집들을 덮고 계시는 동안, 이 땅을 통과해 지나가는 파괴자 아바돈의 영일 것이다. 하나님은 당신 아들의 피에 끌리시며, 파괴자는 그 피가 적용된 곳에는 권세가 없다. 오염된 혈통의 피였던 아벨의 피도 하늘의 주목을 이끌었는데, 이제 첫 아담의 오염을 받지 않은 순수하고 더럽혀지지 않은 둘째 아담 예수님의 피가 얼마나 더 천군 천사의 반응을 불러일으키겠는가? 바울 사도는 고린도 교인들에게 다음과 같이 썼다.

"기록된 바 첫 사람 아담은 생령이 되었다 함과 같이 마지막 아담은 살려 주는 영이 되었나니 그러나 먼저는 신령한 사람이 아니요 육의 사람이요 그 다음에 신령한 사람이니라"(고전 15:45-46).

누가복음 1장 30-37절은 신약 성경에서 흥미진진한 계시 중 하나다. 천사 가브리엘이 젊은 처녀 마리아에게 찾아와 아들을 낳을 것이

라고 알려 준다. 그녀는 혼란스러워하며 자신은 남자와 동침한 적이 없다고 말한다. 가브리엘은 이 탄생이 인간의 혈통에서 나오는 것이 아니라 하나님의 영광이 드리워지고 수정되어짐을 통해 이루어지는 것이라고 설명한다. 그리고 이 대화는 37절 "대저 하나님의 모든 말씀은 능하지 못하심이 없느니라"는 말로 끝이 난다.

이 구절에서 흥미로운 점은 '없다(nothing)'라는 단어다. 이상하게도 이 단어의 헬라어는 레마(rhema)다. 레마는 하나님의 말씀이지만, 더 깊이 들어가면 그 자체로 선포된 모든 것을 행하거나 창조할 수 있는 능력을 가진 말씀을 의미한다. 당연히 모든 씨앗에는 그 씨앗이 생산할 것의 고유한 유전자가 들어 있다. 옥수수가 밀을 생산하지 않는 것처럼 말이다. 씨앗은 스퍼마(sperma)다. 성령님이 마리아에게 임하셨을 때 그 혈통은 다른 세계, 즉 천국에서 온 씨앗인 여호와 하나님의 유전자였으며, 이것은 하늘의 혈통만을 출산할 수 있다. 예수님의 보혈은 아담의 피보다 더 좋은 것을 말하고, 더 좋은 결과들을 생산할 것이다. 아담은 에덴동산에서 자기 권세를 포기했다.

겟세마네 동산에서 예수님은 우리를 하나님 나라에 들어갈 수 있게 해주는 혈통을 되찾아 주셨다. 우리에게 있는 이 화폐에는 어둠이 틈탈 수 없다. 마귀는 우리에게 주어진 가장 귀하고 값진 선물인 이 천국의 화폐에 대해 어떤 말도 할 수 없다. 그것은 우리를 죄에서 깨끗하게 할 뿐만 아니라 이미 마귀의 통치권을 끊어 버린 무기다. 이러한 어린양의 피가 당신의 계좌에 예치되어 방어와 공격 무기로 사용할 수 있게 된 것이다.

베드로전서 1장 18-19절은 "너희가 알거니와 너희 조상이 물려 준 헛된 행실에서 대속함을 받은 것은 은이나 금 같이 없어질 것으로 된 것이 아니요 오직 흠 없고 점 없는 어린 양 같은 그리스도의 보배로운 피로 된 것이니라"고 말한다. 구속 또는 구속이 된다는 개념은 우리가 마지막으로 행복했던 때로 회복되는 것 이상을 의미한다.

구속은 인류가 타락하기 전 하나님의 원래 계획의 지점으로 돌아가는 것을 의미한다. 그것이 이루어지려면 예수님의 보혈이라는 화폐가 필요하다. 천국 화폐를 사용하는 방법을 이해할 때, 우리는 구속을 염두에 두고 그분의 말씀을 선포하며 기도하게 될 것이다. 화폐 기도는 일시적인 문제를 해결하기 위함이 아니라 하나님께서 그분의 아들과 동의하신 명령을 이루기 위함이다.

"여호와의 속량을 받은 자들은 이같이 말할지어다 여호와께서 대적의 손에서 그들을 속량하사 동서 남북 각 지방에서부터 모으셨도다"(시 107:2-3).

예수님의 보혈을 통한 구속에는 그분의 능력과 권능의 이야기로 가득 차 있다. 그분의 보혈에 관한 계시가 당신의 삶을 주관할 때, 당신의 언어는 수치와 패배에서 부활의 능력으로 바뀌게 된다. 어린양의 피에는 음성이 있고, 그 음성은 이제 당신 안에 있다. 하지만 그 언어는 당신의 언어가 아니라 보좌의 언어다.

"내가 그 발 앞에 엎드려 경배하려 하니 그가 나에게 말하기를 나는 너와 및 예수의 증언을 받은 네 형제들과 같이 된 종이니 삼가 그리하지 말고 오직 하나님께 경배하라 예수의 증언은 예언의 영이라 하더라"(계 19:10).

예수님의 피는 아직 구속되지 않았거나 하나님의 통치로 돌아오지 않은 것들에 대해 예언한다.

우리는 부활의 이야기를 예언하는 피의 유전자를 가지고 있으므로, 그분의 피를 통해 우리의 모든 가족이 그리스도의 주되심을 알게될 것을 미리 보고 선포할 수 있다. 영원한 진리가 하나님의 말씀에 계시되어 있다. 마귀는 어둠의 왕국에서 위조 화폐를 드러내고 사용하려고 시도할 것이다. 마귀와 어둠 속에서 활동하는 사람들은 두려움, 의심, 불신이라는 화폐를 사용하려고 할 것이다. 당신은 어떤 언어나 화폐를 사용하고 있는가?

천국 화폐가 하나님의 말씀을 사용하고 천사들의 반응을 활성화하듯이, 우리의 분노와 불평의 화폐가 타락한 천사들의 권세를 풀어낼 수도 있을까? 동의에서 나오는 힘은 하나님 나라에서만 작동하는것이 아니라 어둠의 지하 세계에서도 작동한다. 우리가 누구와 혹은그 무엇과 동반자 관계를 맺든, 우리는 그들의 계획과 권세를 우리의삶이나 가정으로 가져오게 된다.

"무릇 이방인이 제사하는 것은 귀신에게 하는 것이요 하나님께제사하는 것이 아니니 나는 너희가 귀신과 교제하는 자가 되기를 원하지 아니하노라"(고전 10:20).

바울은 성만찬과 우상에게 바쳤던 고기를 언급하고 있지만, 동시에 그는 귀신과 연결된 것들과의 교류를 통해 우리가 귀신을 끌어들일 수 있다는 점을 말하고 있다. 이 경우 우리가 뱉는 패배와 원통함의 언어는 어둠의 세력으로 하여금 합법적으로 당신의 영역에 들어올 수 있게 해주는 연결 고리가 된다.

이 주제에 관련해서 성경은 세 가지 자리를 언급한다.

1. 시편 1편 1절이다. "복 있는 사람은 악인들의 꾀를 따르지 아니하며 죄인들의 길에 서지 아니하며 오만한 자들의 자리에 앉지 아니하고."

2. 에베소서 2장 6절이다. "또 함께 일으키사 그리스도 예수 안에서 함께 하늘에 앉히시니."

3. 세 번째 자리는 요한계시록 2장 13절에서 버가모 교회의 천사에게 보내는 편지에 나온다. "네가 어디에 사는지를 내가 아노니 거기는 사탄의 권좌가 있는 데라 네가 내 이름을 굳게 잡아서 내 충성된 증인 안디바가 너희 가운데 곧 사탄이 사는 곳에서 죽임을 당할 때에도 나를 믿는 믿음을 저버리지 아니하였도다."

이 세 자리에는 모두 고유하게 식별되는 언어 또는 환불 시스템이 있다. 이 내용에 관해 쉽게 물어볼 수 있는 질문은 이와 같다. "당신은 어떤 자리에 앉을 수 있는가?" 각 자리 혹은 권좌는 일종의 권한과 계약을 나타낸다.

바울은 고린도후서 6장 14절에서 "너희는 믿지 않는 자와 멍에를 함께 메지 말라 의와 불법이 어찌 함께 하며 빛과 어둠이 어찌 사귀며”라고 말한다. 바울도 같은 질문을 한 것이다. 사귄다는 표현이 반드시 당신이 같이 멍에를 멘 사람이나 사물을 좋아해야 한다는 의미는 아니지만, 우리가 어떤 언어를 끌어들이게 되는지를 의미한다.

옳음 투쟁꾼

이것이 어떻게 작용하는지를 설명하겠다. 몇 년 전 나는 문제를 해결하기 위해 많은 노력을 한 어느 부부를 상담하고 있었다. 상담 시작 전에 먼저 증상에 관해 이야기하는 것은 두 사람 사이의 분노를 일으킬 뿐이므로 기도로 문제의 원인과 뿌리가 되는 부분부터 다루겠다고 말했다.

갑자기 내 입에서 튀어나온 말은 그들뿐만 아니라 나마저도 놀라게 하였다. 나는 “이제 마귀와 헤어지고 그의 통치권과 이혼해야 할 때입니다”라고 말했다. 그들의 표정을 보니, 내 말에 대해 할 말이 있음을 알 수 있었고, 나 또한 그들의 설명을 직접 듣고 싶었다. 나는 천천히 두 사람을 그들 간의 대화로 인도했고, 그들은 각자 자기 주장이 옳다는 것을 증명하기 위해 싸우고 있었다. 쉽게 말해 그들은 ‘옳음 투쟁꾼’이었다. 그들의 말은 서로에게 깊이 파고들었다. 그렇게 얼마간의 시간이 흐르고 마치 그들은 자기주장과 입장이 옳다는 것을 증명하거나 상대에게 상처를 주기 위한 열정에 기름 부음을 받았다고 생각하는 듯했다.

그들은 저주의 화폐를 사용하고 있었고 마귀들은 그들이 영혼의 빚에 더 깊이 빠지도록 돕는 것을 아주 좋아했다. 나는 그들이 성령의 향기를 맡으면서 태도가 변하기 시작하는 것을 볼 수 있었다. 그들은 재빨리 서로에게 회개했고 나는 그들이 마귀의 멍에와 이혼했음을 선언했다. 그들은 자신들이 있던 자리에서 오직 의만이 설 수 있는 더 높은 하늘 화폐의 자리로 옮겨간 것이다.

이제 그들은 '옳음 투쟁꾼'이 아니라 그리스도 예수 안에 있는 의를 위해 매일 싸우고 있다. 자리의 변화는 관점의 변화를 드러냈다. 잠언 18장 21절은 "죽고 사는 것이 혀의 힘에 달렸나니 혀를 쓰기 좋아하는 자는 혀의 열매를 먹으리라"고 말한다. 이 세상에는 생명의 왕국과 죽음의 왕국이 있으며, 당신이 선택한 언어를 통해 이 두 왕국에 들어가게 된다. 요한복음 1장 3절은 "만물이 그로 말미암아 지은 바 되었으니 지은 것이 하나도 그가 없이는 된 것이 없느니라"고 말한다. 여기서 '그'가 일컫는 것은 육신을 입고 오신 하나님의 말씀이신 예수님이다. 우리는 우리가 하나님 말씀의 생명으로 만들어진 것들을 창조하는지, 아니면 저주와 불신앙을 통해 사망을 창조하고 있는지를 쉽게 알 수 있다.

예수님은 신명기 8장 3절을 인용하여 "사람이 떡으로만 사는 것이 아니요 여호와의 입에서 나오는 모든 말씀으로 사는 것"이라고 말씀하셨다. 그리스도의 영으로 사는 참된 삶은 하나님의 입에서 나오는 말씀의 화폐로 사는 것이다.

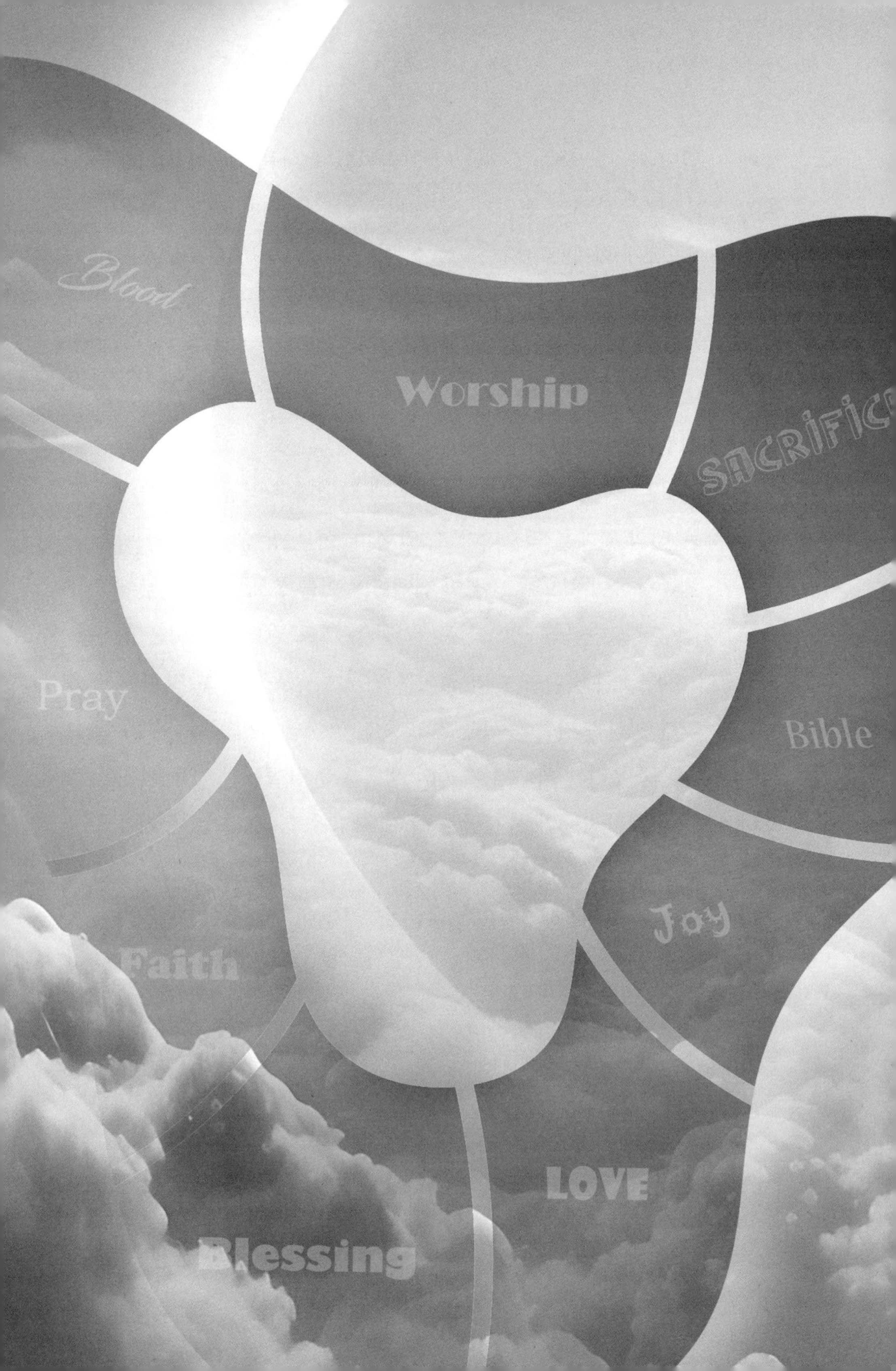
Blood
Worship
SACRIFIC
Pray
Bible
Joy
Faith
LOVE
Blessing

믿음의 화폐

중범죄 사건에 휘말린 샘이 찾아왔다. 나는 그를 한 번도 만난 적이 없지만, 그의 이웃이 나와 약속을 잡으라고 권유했다. 그의 중범죄혐의는 상식적으로 생각해도 끔찍한 내용이었다. 나는 상담사로서 최선을 다해 응했고 내 의견을 덧붙이지 않았다. 샘은 믿는 사람이 아니었다. 내가 예수님과의 관계에 대해 질문했을 때 그는 자신은 불가지론자에 가깝다고 말했다. 나는 그에게 '불가지론자'가 무슨 뜻인지 물었다. 그는 진실하고 최선을 다해 상담에 임하고 있었다. 그는 "글쎄요, 제 주변에 보이는 환경들을 조성한 어떤 존재가 분명히 있다는 것은 압니다"라는 말로 설명했다.

그는 자신이 받고 있는 혐의의 심각성에 대해 전혀 인지하지 못했다. 그는 학대와 성추행을 그저 통과의례 정도로 여기는 가정에서 자라난 사람이었다. 이 세상의 신은 말 그대로 그가 도덕이나 정상성에 대해 합리적인 인지를 할 수 있는 눈을 멀게 만들었다.

나는 속으로 잠잠히 성령님의 인도하심을 구하며 무슨 말을 해야 할지 알려 달라고 기도했다. 성령님께 도움을 요청하자마자, 샘에게 무슨 일을 하는지 물어보라는 감동이 임했다. 그는 상업용 전기 기술자이며 현재 어떤 학교에서 대형 프로젝트를 진행하고 있다고 대답했다. 그리고 나는 영의 눈으로 그가 440볼트 3상 같은 큰 전압을 다루는 모습을 보았다. 그에게 제정신인 사람이 어떻게 강력한 전압 패널 안에 손을 넣을 수 있냐고 물었다. 그러자 그는 재빨리 "그 회로의 차단기가 꺼져 있다는 것을 알기 때문"이라고 대답했다. 나는 그에게 "그럼 차단기를 잡고 있는 나사와 스프링에 당신의 목숨을 기꺼이 맡긴다는 말인가요?"라고 물었다.

샘은 자기 인생을 영원히 바꿀 한마디로 대답했다. "차단기가 작동하고 있다는 것을 믿어야 합니다." 그리고 그 말을 하자마자 그의 눈이 골프공만큼 커졌다. "제가 해야 할 일은 그저 예수님만 믿으면 된다는 말씀인가요?" 나는 그렇다고 대답하고 간단한 기도를 하도록 인도해 주었다. 몇 초 후, 그는 마치 누군가가 그의 눈가리개를 걷어낸 것처럼 "세상에, 내가 무슨 짓을 한 거야?"라고 말하며 울기 시작했다. 몇 분 전까지만 해도 자신이 왜 기소되어야 하는지조차도 인식하지 못한 그였다.

성령님은 샘에게 예수님을 계시해 주셨을 뿐 아니라 그에게 회개의 영도 부어 주셨다. 샘은 자신의 범죄로 인해 교도소에서 오랫동안 복역했다. 그동안 우리는 편지로 연락을 주고받았다. 샘은 교도소 내

목사님과 함께 일하며 많은 수감자를 예수님께로 인도했다. 또한 신학교 학위도 여러 개 이수했다. 교도소 내 병원과 간호 시설에서 일하면서 샘은 한 번도 그리스도를 영접한 적이 없는 사람들에게 예수님을 전하면서 성실히 수감 생활을 하였다.

나는 그날 샘의 삶에서 믿음이 얼마나 강력하게 의를 활성화하는지를 목격했다. 성령님은 멸망으로 향하던 그의 삶의 궤도를 바꾸어 놓으셨다. 믿음은 샘에게 닫혀 있던 많은 놀라운 일들의 문을 열어 주었다. 그 일이 아니었다면 그 문들은 그에게 닫혀 있었을 것이고, 그는 문 뒤에 자신 앞에 예비 된 그 영광을 알지도 못했을 것이다.

당신의 계좌를 활성화하는 믿음

믿음은 명사이자 동사다. 문법적으로 생각하면 이상하게 들릴지 모르지만 사실이다. 믿음을 명사로만 생각한다면 그것은 단순히 정적인 상태를 설명하는 것에 불과하다. 예를 들어 나는 다른 유형의 종교나 신앙과 구별되는 의미로, 나의 신앙을 기독교라고 말할 수 있다. 하늘에 예치된 것을 믿음이 활성화할 때면, 믿음은 나의 행동을 필요로 하는 동사가 된다. 야고보서 2장 17-19절은 "이와 같이 행함이 없는 믿음은 그 자체가 죽은 것이라 어떤 사람은 말하기를 너는 믿음이 있고 나는 행함이 있으니 행함이 없는 네 믿음을 내게 보이라 나는 행함으로 내 믿음을 네게 보이리라 하리라 네가 하나님은 한 분이신 줄을 믿느냐 잘하는도다 귀신들도 믿고(believe) 떠느니라"고 말한다.

야고보가 명사로서의 믿음과 동사로서의 믿음을 어떻게 구분하는지 주목하라. 믿음은 그 자체로는 명사이지만, 우리가 부르심을 받은 일 안에서 믿음이 작동하기 시작할 때, 믿음은 하나님 말씀의 능력을 활성화하기 시작한다. 야고보는 귀신도 믿고(believe) 떤다는 말로 우리를 놀라게 한다. 믿는다(believe)는 말의 의미는 그저 '가능성을 생각하는 것' 또는 '가능하다고 아는 것'이다. 만약 내가 가진 것이 진짜 믿음(faith)이 아니라 그저 아는 정도의 믿음(belief)이라면, 나는 마귀와 같은 수준일 뿐이다.

우리가 믿는 것을 행동으로 옮길 때, 고여 있던 물웅덩이를 그 흐름에 따라 모든 것을 움직이게 하는 흐르는 강으로 바꾸어 놓는다. 역동적인 믿음의 강에는 생명이 있지만, 움직이지 않는 물웅덩이에서는 종교적 오염으로 인해 그 안에 있는 모든 것이 죽게 된다. 종교가 단지 믿음의 고백으로만 이루어진다면 그저 죽은 믿음의 웅덩이에 불과하다. 행함이 없는 믿음은 죽은 믿음이며, 이에 반대되는 것은 생명을 가져다주는 말씀을 향해 나아가는 행동하는 믿음이다. 간단히 말해, 믿음은 죽음에서 생명으로, 약함에서 강함으로 상태를 변화시키는 힘을 발휘한다. 예를 들어 일부 기업에서 전등 스위치에 동작 감지 센서를 설치하는 이유는 사람들이 전등을 끄는 것을 기억하지 못하기 때문이다. 센서 등을 켜려면 움직임이 있어야 한다.

움직임 없는 믿음은 명사이며, 행동으로 옮겨 스위치를 켜는 동사가 아니다. 나는 응답받지 못한 많은 기도가 그들이 믿는 것을 향한 행동이 없었기 때문에 조용히 사라져 버린다고 믿는다.

　나는 열아홉 살 때 출석 중인 교회의 목사님과 주변 사람들은 내가 설교자로 부름받았다는 것을 알았고, 이를 확증해 주는 예언도 있었다. 나는 사역할 수 있는 자격도 발급받았다. 한 가지 문제는 내가 공식적으로 다른 사람이나 모임에서 메시지나 설교를 나눈 적이 없다는 것이다. 동료들에게 내가 그들과 같은 대열에 합류한 것으로 받아들여졌다고 느끼긴 했지만, 그때는 아직 명사 수준의 믿음만 있었다. 내가 설교할 수 있다는 명사만 있을 뿐, 아직 행함이 없었다. 그러던 중 내 믿음의 부르심에 대한 승인을 받아야 할 때가 왔다. 내 사역이 더 이상 명사형에 머물러 있을 수 없었기 때문에 계속 이렇게 있을지 행동할지 선택해야 하는 순간이 온 것이다. 명사로서의 내 믿음은 안정적이었고, 그렇기 때문에 나는 한 번도 실수한 적이 없었다. 그러나 나의 명사형 믿음에는 아무런 능력이 없었으며, 겉보기에 그저 믿음의 형태만 있을 뿐이었다.

　올 것이 오고야 말았다. 첫 번째 메시지, 즉 설교를 전할 때가 되었고 돌아갈 방법은 없었다. 몇 시간 동안 말씀을 공부한 후 성령님께 실패하지 않게 해달라고 기도했다. 그때 내가 생각한 실패는 무대 공포증과 혀가 꼬이는 것이었던 것 같다.

　처음 몇 분간의 설교는 마치 어둠 속에서 총을 쏘는 것 같았다. 그러다 담대함이 임하는 것을 느끼기 시작했고, 놀랍게도 나는 설교 노트에 적지도 않은 말을 하고 있었다. 결국 나는 설교 노트를 완전히 잊어버리고 설교했다. 나는 내 믿음이 명사의 위치를 벗어나 세상을 변화시키는 움직임의 흐름으로 이동했음을 깨달았다. 더 이상 믿음이 있다고 말하지 않고, 대신 믿음으로 행한다고 말할 수 있게 되었다. 우리가 믿음으로 행할 때, 믿음이 우리를 움직이기 시작한다.

믿음의 크기는 성령님을 신뢰하고 그분의 말씀에 순종하려는 의지와 비례한다. 로마서 12장 3절은 "내게 주신 은혜로 말미암아 너희 각 사람에게 말하노니 마땅히 생각할 그 이상의 생각을 품지 말고 오직 하나님께서 각 사람에게 나누어 주신 믿음의 분량대로 지혜롭게 생각하라"고 말한다. 바울은 우리 모두에게 믿음의 분량(메트론(metron))이 주어졌다는 사실을 상기시킨다. 간단히 말해, 우리 모두에게는 씨앗의 주어졌다는 것이다. 그러나 믿음의 분량이 명사로만 남을지 아니면 삶을 변화시키는 동사로 발전할지는 우리에게 달려 있다. 믿음은 반복해서 외우는 주문이 아니다. 믿음은 헛간을 나와 씨를 뿌리고 잠재력을 발휘할 밭을 갈아야 하는 것이다.

모세가 히브리인들을 이집트에서 데리고 나왔을 때, 그들은 앞으로는 홍해를 마주하고, 뒤로는 이집트 군대가 추격하고 있었다. 대부분의 사람은 이 장면에 대해 히브리인들이 당황한 모습과 심지어 그들 중 몇몇은 자신들을 사막에서 죽게 만든 모세를 원망하는 모습을 상상한다. 그러나 하나님은 모세에게 지팡이를 바다 위로 뻗으라고 말씀하셨다. 그러자 바다가 갈라지기 시작했고 구원의 기적이 현실화되었다. 그리고 그들에게 길을 열어 준 그 바다는 곧 적들에게 파멸을 가져다준 바다가 되었다.

히브리인들이 두 번째로 물을 건넌 곳은 요단강이었다(수 3:8). 이번에는 언약궤를 메고 있던 제사장들이 먼저 요단강에 발을 딛어야 했다. 홍해를 건널 때는 한 사람이 지팡이로 순종해야 했고, 이번에는 하나의 팀이 먼저 물에 들어가야만 물이 갈라지는 기적을 볼 수 있었다.

어떤 일이 일어나기 위한 믿음의 수준은 많은 경우 우리의 행동을 요구한다. 오늘날 우리에게도 마찬가지다. 믿음이 커지려면 성령님에 대한 신뢰도 커져야 하며, 그분의 인도하심을 감지하고 행동할 수 있어야 한다. 믿음은 어둠 속으로 뛰어드는 것이 아니라 빛 속을 걷는 것이다. 믿음은 안개를 뚫고 앞을 볼 수 있게 해주는 레이더와 같다. 우리가 자문하기 위해 잠시 멈출 때, 믿음은 잘 작동하지 않게 되며, 두려움이 우리가 나아갈 방향에 영향을 미치도록 허락하게 된다. 성령님께 자문하라. 그분은 우리의 길을 알고 계신다.

> 내가 그리스도와 함께 십자가에 못 박혔나니 그런즉 이제는 내가 사는 것이 아니요 오직 내 안에 그리스도께서 사시는 것이라 이제 내가 육체 가운데 사는 것은 나를 사랑하사 나를 위하여 자기 자신을 버리신 하나님의 아들을 믿는 믿음 안에서 사는 것이라 (갈 2:20)

여기서 내가 말하고 싶은 요점은 하나님의 아들에 대한 믿음이다. 하나님을 대적하는 혼의 본능적 사고를 성령님께서 십자가에 못박으시도록 허락해 드릴 때, 아들의 믿음은 우리의 영을 사로잡아 우리가 행하도록 지어진 목적으로 우리를 인도한다(롬 8:7). 당신의 잠재력은 당신 안에 갇혀 있으며, 그 잠재력이 자유롭게 발휘되어 하나님 창조의 공동 상속자이자 동역자가 되려면 성령님께서 당신의 혼을 열어주셔야 한다.

잘못된 방향의 믿음

예수님이 군중 가운데 계실 때, 한 남자가 간질에 걸려 불이나 물에 자주 빠지는 아들을 불쌍히 여겨 달라고 예수님께 부르짖었다. 그 아버지는 아들을 제자들에게 데려왔지만, 제자들은 치료할 수 없었다고 설명했다. 예수님은 그 남자에게 아이를 데려 오라 하셨고, 귀신을 꾸짖으셨고 아이는 치유되었다. 예수님은 이 세대를 향해 "믿음이 없고 패역한 세대"라고 공개적으로 말씀하셨다(마 17:17).

> 예수께서 대답하여 이르시되 믿음이 없고 패역한 세대여, 내가 얼마나 너희와 함께 있으며 얼마나 너희에게 참으리요 그를 이리로 데려오라 하시니라. 이에 예수께서 꾸짖으시니 귀신이 나가고 아이가 그 때부터 나으니라. 이 때에 제자들이 조용히 예수께 나아와 이르되 우리는 어찌하여 쫓아내지 못하였나이까? 이르시되 너희 믿음이 작은 까닭이니라. 진실로 너희에게 이르노니 만일 너희에게 믿음이 겨자씨 한 알 만큼만 있어도 이 산을 명하여 여기서 저기로 옮겨지라 하면 옮겨질 것이요 또 너희가 못할 것이 없으리라. 그러나 기도와 금식 외에는 이러한 유가 나갈 수 없느니라 (마 17:17-21 NKJV)

63

Chapter 3 믿음의 화폐

예수님은 그 귀신이 높은 계급의 귀신이었다는 것을 말씀하신다. 아마도 당시 제자들의 계좌가 텅 비어 있었거나 믿음의 수준이 아직 성숙하지 않았을 것이다. 예수님은 제자들이 그들의 불신앙 때문에 귀신을 쫓아낼 수 없었다고 분명하게 말씀하신다. 제자들은 예수님이 귀신을 쫓아내는 것을 이전에도 여러 번 보았다. 그러나 이번에 예수님은 그들에게 금식과 기도가 효과적이라고 말씀하신다. 금식의 목적은 우리의 육신을 성령님께 순복하게 하는 것이다. 귀신을 쫓아내거나 병자를 고치는 방법을 알 수도 있겠지만, 우리는 항상 우리의 초점을 두어야 할 분, 즉 우리 믿음의 중심이 되시는 예수님을 인식해야 한다. 내가 말하는 잘못된 방향의 믿음이란 우리의 초점이 믿음의 본체이신 예수님이 아닌 우리의 문제에 맞춰질 수 있다는 것이다.

히브리서 12장 2절은 예수님을 "믿음의 주요 또 온전하게 하시는 이"라고 말한다. 믿음이 믿음의 창시자를 닮을 때, 우리는 하나님 아들의 믿음 안에서 살고 있는 것이다. 마귀의 세계도 믿음이 그분에게서 흘러나온다는 것을 인정한다. 인간 창조에 관한 창세기의 기록을 읽다 보면 '닮다'라는 단어가 눈에 띈다. 이 단어는 원래 '하나님을 닮다', 혹은 '생각과 행동이 하나님을 닮았다'는 것을 의미한다. 믿음에 대한 가르침을 믿는 것이 믿음이 아니다. 믿음은 믿음을 주시는 분과의 친밀한 관계이며, 우리가 하나님과 닮은 모습으로 반응할수록 더 큰 믿음이 우리 안에 자리 잡게 된다. 우리는 믿음의 창시자와의 친밀한 관계없이 믿음을 가질 수 없다.

믿음이 없이는 문은 열리지 않는다

요한복음 10장은 예수님이 양의 우리로 들어가는 문이며, 진정으로 그분의 양들은 그분의 음성을 듣는다고 분명히 가르친다. 예수님은 아버지께로 통하는 문이므로, 우리의 천국 화폐 계좌로 들어가는 문이기도 하다. 히브리서 11장 6절은 "믿음이 없이는 하나님을 기쁘시게 하지 못하나니 하나님께 나아가는 자는 반드시 그가 계신 것과 또한 그가 자기를 찾는 자들에게 상 주시는 이심을 믿어야 할지니라"고 말하고 있다. 우리가 은혜를 받고 천국 화폐를 사용할 수 있게 하는 첫 번째 단계는 주님을 기쁘시게 하는 것이다. 흥미롭게도 헬라어에서 기쁘게 한다는 뜻의 단어는 '예'와 비슷하다. 그 말은 믿음이 없이는 하나님께 '예'라고 말하는 것이 불가능하다고도 말할 수 있다. 믿음으로 행하는 것은 하나님께 '예'라고 말하는 것과 같은 것이다.

> 믿음으로 아벨은 가인보다 더 나은 제사를 하나님께 드림으로 의로운 자라 하시는 증거를 얻었으니 하나님이 그 예물에 대하여 증언하심이라 그가 죽었으나 그 믿음으로써 지금도 말하느니라 (히 11:4)

아벨의 이름이 믿음의 명예 전당에 오른 것은 그가 믿음으로 하나님께 '예'라고 응답하는 제사를 드렸기 때문이다. 그의 믿음은 수천 년이 지난 지금도 여전히 우리에게 목소리를 내고 있다. 당신은 예수님의 보혈에도 목소리가 있고 믿음에도 목소리가 있다는 것을 알 수 있을 것이다. 지금 당장은 말하지 않아도, 당신의 믿음에는 어둠의 왕국이 들을 수 있는 소리가 있다. 당신의 믿음은 당신이 천국에서 인출할 수 있는 계정의 자산을 계속 증가시키고 있다. 당신의 믿음은 항상 말하고 있으며 항상 올바른 생각과 올바른 행동으로 이끌고 있다.

아벨의 형 가인은 제사를 드렸지만 믿음으로 드린 제사가 아니었다. 그는 자신이 드리고 싶은 것을 하나님께 드렸지만, 그것은 하나님을 기쁘시게 하거나 '예'라고 대답하는 제물이 아니었다. 믿음은 그저 아무 반응이나 하는 것이 아니다. 하나님이 원하시는 올바른 반응을 해야 하는 것이다.

잘못된 믿음은 하나님이 듣고 싶어하시는 '예'가 아닐 때 목표를 놓치게 된다. 야고보서 4장 3절은 "구하여도 받지 못함은 정욕으로 쓰려고 잘못 구하기 때문이라"고 말한다. 참된 믿음은 목표를 놓치지 않으며, 먼저 주님을 기쁘시게 한다.

> 사람의 행위가 여호와를 기쁘시게 하면 그 사람의 원수라도 그와 더불어
> 화목하게 하시느니라 (잠 16:7)

이 구절의 의미는 우리가 '예'라고 말하고 믿음으로 행동하면 우리의 원수까지도 우리와 화평하게 만든다는 것이다. 나는 개인적으로 이 구절을 읽을 때 통행료를 내지 않으면 다리를 건너지 못하게 하는 동화 속 괴물 같은 원수를 떠올린다. 그러나 우리의 길이 주님을 기쁘시게 할 때 이 괴물은 길을 비켜 나를 통과시켜야만 한다. 마귀는 자

기 영역을 포기하며 물러서는 것을 좋아하지 않지만, 우리의 믿음이 그것을 요구하는 것이다. 왜냐하면 우리의 믿음은 천국 계좌에 우리를 위해 예치된 권세를 인출하여 사용하는 것이기 때문이다.

드러내는 믿음

주님과의 개인적인 만남에 기초한 믿음은 언제나 주님께서 당신을 위해 예비하신 것들을 드러내어 계시해 준다. 당신을 위해 예비 된 것이 무엇이든 간에 능동적이고 전진하는 믿음은 잠금을 해제하고 공개적으로 드러나게 된다. 믿음은 후퇴하지 않으며 당신에게 지경을 넓힐 수 있는 권리와 권세가 있다는 증거들을 향해 하나님의 말씀을 통해 항상 나아간다.

> 하나님의 말씀은 살아 있고 활력이 있어 좌우에 날선 어떤 검보다도 예리
>
> 하여 혼과 영과 및 관절과 골수를 찔러 쪼개기까지 하며 또 마음의 생각
>
> 과 뜻을 판단하나니 (히 4:12)

중요한 것은 하나님의 말씀은 결코 수동적이지 않고 능동적이며, 항상 보내신 목적을 전진시키기 위해 존재한다는 사실이다. 능동적이고 창조적인 말씀이 믿음과 결합하면 하나님 나라의 신비가 열리게 된다. 말씀은 영원의 관점에서 우리의 영과 교류한다. 전도서 3장 11절

은 하나님께서 "사람들에게는 영원을 사모하는 마음을 주셨느니라"고 말한다. 이 구절은 우리가 일시적인 존재가 아니라 영원한 존재라는 것을 말해 준다. 말씀이 우리의 가장 깊은 곳에서 움직일 때, 말씀은 우리의 혼에서 일어나는 일과 영에서 일어나는 일을 구분해 준다. 살아 움직이는 말씀은 우리의 영을 흥분시키고, 그러한 감동에 우리의 믿음이 연결되도록 내어 드릴 때 놀라운 일이 일어나게 된다. 바울은 성령님이 없는 말씀은 바리새인들이 그 당시 율법을 조금만 어겨도 심판받을 것 같은 두려움을 이용하여 사람들을 통제하는 데 사용했던 것과 같은 죽은 혹은 죽이는 조문임을 분명히 한다.

믿음은 의지와 잠재력을 드러내지만, 율법적인 형태의 종교는 하나님의 능력을 가둬 두려 한다. 믿음은 성령님에 의해 깨어난 진정한 당신을 드러내어 놀라운 일을 행하도록 한다. 고린도후서 4장 16절은 우리에게 "그러므로 우리가 낙심하지 아니하노니 우리의 겉사람은 낡아지나 우리의 속사람은 날로 새로워지도다"라고 상기시켜 준다. 우리는 아담이 타락하기 전의 본래의 목적, 즉 주님과 함께 이 땅을 다스리고 통치하는 것을 이루도록, 우리의 속사람이 새로워지고 구속을 받음으로 새롭게 창조되었다. 믿음은 육적이고 혼적인 옛 자아를 넘어 새로운 내적 자아가 앞으로 나오도록 한다. 마귀는 대부분의 사람은 보지 못하는 우리 안의 것들을 볼 수 있기 때문에 우리를 미워하는 것이다. 하나님께서는 구속받은 우리 속에 우리의 눈이 멀지 않게 해주는 무언가를 넣어 두셨다.

이사야서 14장을 통해 우리는 하나님의 보좌 주변에서 예배와 영광을 담당하는 그룹 천사였던 루시퍼의 목적에 대한 어느 정도의 정보를 얻을 수 있다. 그는 다양한 관악기와 현악기, 즉 일종의 입체 음향을 통해 소리를 내기 위해 창조되었다. 그는 한때 계명성이었지만, 하나님의 아들은 광명한 샛별이라고 불린다.

루시퍼는 천국에서 어둠의 땅으로 쫓겨났고, 그의 이름은 대적이자 어둠의 군주로 바뀌었다. 그는 하나님의 영광이 얼마나 강력한지 알고 있다. 신약 시대에서 우리는 새로운 유형의 언약궤가 되었다. 한때 상자에 갇혀 있던 영광이 이제 믿음을 통해 은혜로 우리에게 옮겨졌다. 마귀가 당신을 볼 때, 그는 겉모습을 보는 것이 아니라 당신 안에 놓인 하나님의 영광을 보는 것이다. 당신은 단순한 뼈가 담긴 가죽 부대가 아니라 독생자의 영광을 담고 있는 존재다.

골로새서 1장 26-27절은 "이 비밀은 만세와 만대로부터 감추어졌던 것인데 이제는 그의 성도들에게 나타났고 하나님이 그들로 하여금 이 비밀의 영광이 이방인 가운데 얼마나 풍성한지를 알게 하려 하심이라 이 비밀은 너희 안에 계신 그리스도시니 곧 영광의 소망이니라"고 말한다. 흙으로 된 인간의 그릇에 감추어져 있던 영광이 당신의 믿음이 증가할 때마다 더욱더 드러나게 된다.

말씀이 당신의 내면에서 역사하기 시작하고 당신이 믿음으로 반응할 때 주님의 영광이 드러나고 기적이 나타나게 된다. 당신의 믿음이 하나님께 '예'라고 반응할 때, 하늘과 땅 사이에 동의가 이루어지고 그로 인해 보이지 않는 세계가 드러나게 된다.

"어두운 데에 빛이 비치라 말씀하셨던 그 하나님께서 예수 그리스도의 얼굴에 있는 하나님의 영광을 아는 빛을 우리 마음에 비추셨느니라 우리가 이 보배를 질그릇에 가졌으니 이는 심히 큰 능력은 하나님께 있고 우리에게 있지 아니함을 알게 하려 함이라"(고후 4:6-7).

성령님에 의해 놀라다

오래전, 나는 한 무리의 청소년들과 함께 코스타리카로 일주일 동안 사역을 떠난 적이 있다. 일주일 동안 매일 저녁 다른 교회에서 사역을 해야 하는 일정이었다. 팀원 대부분은 열일곱 살과 열여덟 살이었고 이들 중 그 누구도 미국 밖을 나가본 적이 없었다. 지금 돌이켜보면 그때 나는 도대체 무슨 생각이었을까? 그런데 여정 끝 무렵에 우리 모두에게 놀라운 일이 일어났다. 처음에 팀원들은 진지한 사역자들이라기보다는 다소 무뚝뚝한 관광객처럼 보였다.

하지만 점차 시간이 지나면서 사역은 더욱 뜨거워졌다. 마지막 날밤 우리는 카르타고(Cartago)라는 작은 마을에 있었다. 악한 영들은 우리가 이곳에 있는 것만으로 괴로워하였다. 설교가 끝날 무렵, 마귀의 고통에서 자유를 얻기 원하는 수많은 사람이 강대상 앞으로 나왔다. 젊은 사역팀의 믿음은 매일 저녁 사역을 할 때마다 계속 성장하고 있었다. 나는 그들이 준비되어 있고 사역을 시작하기를 간절히 원한다는 것을 알 수 있었다. 그 장소와 그날 저녁은 분명 뭔가가 달랐다. 사역팀은 그저 그들을 위해 기도하는 것만으로는 부족하다는 것을 깨달을 만큼 영적 분별력이 향상되어 있었다. 그들은 예수님으로부터 권능을 부여받을 때가 지금이라는 것을 직감했다.

젊은 사역자들이 마귀가 역사하는 징후를 보이는 사람들에게 손을 얹었다. 마귀들은 하나둘씩 떠나갔고, 어떤 이들은 땅바닥을 뒹굴고 어떤 이들은 비명을 질렀다. 나는 우리 팀이 자랑스러웠다. 곧 묶여 있었던 사람들이 새로운 변화에 기뻐하기 시작했다. 나에게 가장 소중했던 것은 하나님의 능력이 자신들을 통해 흐르고 어둠을 몰아내는 것을 보고 놀란 젊은 군사들의 표정이다. 그들의 믿음은 이전에 있었던 의심을 뛰어넘었다. 한 청년은 자기 손을 바라보며 "내 안에 이런 능력이 있는지 몰랐어요"라고 말했다. 믿음은 그들을 하나님의 능력을 결코 잊지 못하거나 의심할 수 없는 보이지 않는 세계로 인도했다.

"우리가 주목하는 것은 보이는 것이 아니요 보이지 않는 것이니 보이는 것은 잠깐이요 보이지 않는 것은 영원함이라"(고후 4:18).

믿음은 우리가 볼 수 없는 것을 보고 우리의 능력으로는 할 수 없는 일을 하라고 주어졌다. 그리고 믿음은 하나님의 말씀을 활성화하기 위해 흘러갈 통로들을 찾고 있다.

기억하라. 첫째, 믿음은 소망을 불러일으키는 실체이며, 소망은 그저 막연히 원하는 것이 아니라 우리의 혼을 하나님의 말씀에 고정하는 것이다. 둘째, 믿음은 우리 내면의 자아, 즉 영 안에 있는 증거다. 우리의 영에는 증거가 있지만, 우리의 혼에 예수님과의 지속적인 친밀한 교류를 견고하게 연결해 주는 닻이 없다면, 혼은 주변에서 일어나는 모든 일에 의해 움직이는 배처럼 이생의 바람과 파도에 휩쓸려 다닐 수밖에 없다. 혼은 덮개가 될 수도 있고, 우리의 영과 협력하여 죽은 것을 살리거나 움직일 수 없는 것을 움직이게 하는 하나님의 놀라운 능력이 나타나는 것을 볼 수 있게 할 수도 있다. 믿고 그 믿음으로 행하는 자에게 불가능이란 없다.

온전히 연결되기

평강의 하나님이 친히 너희를 온전히 거룩하게 하시고 또 너희의 온 영과 혼과 몸이 우리 주 예수 그리스도께서 강림하실 때에 흠 없게 보전되기를 원하노라 (살전 5:23)

이 구절에서 바울 사도는 믿는 자들에게 매우 귀중한 가르침을 주고 있다. 앞 구절에서 그는 범사에 감사하고, 성령을 소멸하지 말고, 예언을 멸시하지 말라고 한다. 바울은 계속해서 온전함에 대해 선포한다. 그가 말하는 온전함은 우리 존재의 모든 부분이 연동되는 것이다. 우리는 영·혼·육으로 구성되어 있다. 이 세 가지가 서로 독립적으로 그리고 성령님과도 독립적으로 작동할 때, 우리는 하나님이 우리를 설계하신 최적의 방식에 못 미치는 상태로 작동하게 된다. 이는 마치 무거운 짐을 운반하거나 끌기 위해 설계된 8기통 트럭에서 4개의 실린더만 작동하는 것과도 같다.

우리는 영이 지배하고 혼(마음, 의지, 감정, 지성)이 그것에 복종하며 육은 영과 혼에 일어나는 일에 반응하도록 동기화된 피조물로 창조되었다. 대부분의 경우 몸은 우리의 감정에서 일어나는 일을 반영하고, 감정은 우리의 영이 갖는 평화와 안정감을 반영한다. 바울의 기도는 세 부분으로 이루어진 우리의 존재 전체가 거룩하게, 즉 정결하게 되어 주님께만 사용되도록 해달라는 것이었다. 또한 바울이 주 예수 그리스도께서 오실 때까지 우리가 흠 없이 보존되기를 기도하는 이 구절에서 사용한 언어가 흥미롭다. 여기서 흠이 없다는 뜻의 헬라어는 아멤토스(amemptos)이며 '섞이지 않았다는 것을 증명하다'라는 뜻이다. 어떤 의미에서 우리의 혼은 세상의 신이 그 앞에 던질 모든 유혹에서 자유롭다는 것을 증명한다.

우리의 영이 우리를 이끌고 우리의 영을 통해 역사하시는 성령님에게 우리의 마음이 순복할 때, 함정이 드러나고 우리가 원수의 계략에 속아 굴복할 가능성이 줄어들게 된다. 천지창조 때 하나님께서 아담과 하와를 창조하셨을 때, 그들은 자기 영의 인도를 받았으며, 그들의 영은 다른 모든 생물 및 피조물과 구별되었다. 아담과 하와의 영은 하나님께서 아담에게 생기를 불어넣으심으로 아담이 생명체가 되었을 때, 하나님의 숨결로부터 직접 그들에게 임했다. 원문은 아담이 '말하는 영'이 되었다고 말한다. 아담은 영이신 하나님의 본질을 지니고 있었다. 아담에게 있는 이러한 영의 차원은 아담이 영과 영으로 하나님과 소통할 수 있는 능력이 되었다. 아담은 하나님의 의도나 뜻이 무엇인지 추측할 필요 없이 그저 그의 영으로 알 수 있었다.

온전히 하나님께 속한 아담이 선(line)을 넘어 불순종하고 선악과를 따먹는 순간, 하나님과 그들의 관계에 관한 모든 것이 뒤집히게 되었다. 그들의 벗은 몸을 덮고 있던 하나님의 영광이 떠나고, 처음으로 그들은 영광의 렌즈 없이 서로를 바라보게 되었다. 즉시 그들의 마음은 더 높은 지배력을 갖게 되었고, 그들의 영은 이제 사다리 맨 아래에 위치하게 되었다. 이제 그들의 마음, 즉 혼이 지배하게 되자 그들은 하나님의 임재로부터 자신들을 숨겼다. 창조 이후 처음으로 그들은 하나님의 임재에서 도망친 것이다.

그들의 혼이 지배하게 되자, 그들은 서로를 탓하기 시작했다. 아담은 하나님이 주신 여자를 탓했고, 여자는 마귀를 탓했다. 우리는 우리의 혼과 나머지 존재를 분리할 수 없다. 바울은 고린도전서 2장 16절에서 "누가 주의 마음을 알아서 주를 가르치겠느냐 우리가 그리스도의 마음을 가졌느니라"고 말한다. 우리가 단순히 믿기만 하는 것에서 행하는 믿음으로 나아가게 하는 것은 바로 우리의 마음을 훈련하여 그리스도의 마음을 닮아가는 것이다. 창조 때부터 우리 안에 이 구성 요소들이 있다. 그저 성령님께서 우리의 사고방식 위에 그리스도의 마음을 일으키도록 허용해 드리기만 하면 된다.

믿음의 시험

성경에 언급된 믿음은 시험을 보는 것 같다. 예를 들어 예수님은 누가복음 22장 28-32절에서 베드로에게 다음과 같이 말씀하셨다.

너희는 나의 모든 시험 중에 항상 나와 함께 한 자들인즉 내 아버지께서

나라를 내게 맡기신 것 같이 나도 너희에게 맡겨 너희로 내 나라에 있어

내 상에서 먹고 마시며 또는 보좌에 앉아 이스라엘 열두 지파를 다스리게

하려 하노라 시몬아, 시몬아, 보라 사탄이 너희를 밀 까부르듯 하려고 요구

하였으나 그러나 내가 너를 위하여 네 믿음이 떨어지지 않기를 기도하였노

니 너는 돌이킨 후에 네 형제를 굳게 하라

예수님께서 베드로에게 어떤 도전이나 앞으로 닥칠 일에 어떻게
대처해야 해야 하는지에 대해 조언하지 않으셨다는 사실이 놀랍다.
베드로는 시험을 받았을 때 실패했고, 그 결과 예수님의 예고대로 세
번 부인하였다. 믿음의 시험은 베드로에게 마음의 수준이 어디에 있
는지 드러내 주었다. 베드로는 자신이 그 시험에 도전할 만하다고 느
꼈을 것이고, 죽기까지 예수님과 함께하겠다고 장담했다.

믿음의 시험은 다른 사람들이 우리의 용기를 관찰하라고 주어지
는 것이 아니라, 우리 스스로가 우리 믿음의 수준을 알게 하는 데 그
목적이 있다. 베드로는 신약의 주요 사도 중 한 명으로 놀라운 일들을
수행했다. 우리에게 시험이 필요한 이유는 우리가 얼마나 연약한지를
보여 주기 위해서가 아니라, 믿음만 있으면 할 수 있다고 말씀하신 일
들을 위해, 성령의 힘이 얼마나 필요한지 파악하기 위해서다. 우리에
게 필요한 믿음은 우리의 의지와 결심이 아니라 하나님에 대한 믿음
이다. 믿음의 왕은 그분이 우리 믿음의 창시자이자 완성자라는 사실

을 깨달을 때 우리에게 임하신다. 그럴 때 우리의 믿음은 진정으로 하나님의 아들에 대한 믿음이 된다(갈 2:20).

온전한 믿음을 이루는 것에는 두 방법이 있다. 하나는 로마서 10장 17절에 "믿음은 들음에서 나며"라고 하듯이, 믿음은 '듣는 것'에서 시작된다. 그리고 다른 하나는 믿음의 '행함'이다. 행함이 없는 믿음은 온전한 믿음이 아니다. 당신이 베드로와 다른 어부들이 함께 어울릴 때 그 제자 중 한 명이었고, 예수님께서 제자들에게 "나를 따라오라 내가 너희로 사람을 낚는 어부가 되게 하리라"는 말씀을 하셨을 때 '정말 감동적인 말씀'이라고 생각했지만, 하던 일을 계속했다고 가정해 보자. 베드로는 들었고, 들음에서 믿음이 나오지만, 그저 듣기만 한 자에게는 아무런 변화가 없을 것이다. 다시 말하지만, 야고보는 행함이 없는 믿음은 영이 없는 몸과 같아서 결국 죽은 몸과 같다고 말한다(약 2:26 참조).

히브리서 12장 27-28절은 다음과 같이 말한다.

이 또 한 번이라 하심은 진동하지 아니하는 것을 영존하게 하기 위하여 진동할 것들 곧 만드신 것들이 변동될 것을 나타내심이라 그러므로 우리가 흔들리지 않는 나라를 받았은즉 은혜를 받자 이로 말미암아 경건함과 두려움으로 하나님을 기쁘시게 섬길지니

시험받는 것을 좋아하는 사람은 아무도 없다. 한 가지 확실한 점은 시험은 보통 당신이 무언가의 끝에 다다랐다는 신호라는 것이다.

내가 학교에 다닐 때는 적어도 큰 시험은 학기 말에 치렀다. 내 삶의 무언가가 흔들린다는 것은 다음 단계로 나아가기 위해 불필요한 것을 제거하시기 위함이다.

성경적 의미의 시험은 반드시 징벌을 의미하는 것이 아니다. 한 계절이나 지금의 단계를 졸업하고 다음 단계로 나아가기 위한 것일 수 있다. 하나님께서 하시는 모든 시험은 믿음을 강화하기 위함이다. 우리가 받게 되는 저항은 근육과 믿음을 키우고, 우리의 믿음과 결심을 자라게 한다. 그리고 믿음은 저항을 뚫고 나아가게 한다. 야고보서 1장 2-4절은 "내 형제들아 너희가 여러 가지 시험을 당하거든 온전히 기쁘게 여기라 이는 너희 믿음의 시련이 인내를 만들어 내는 줄 너희가 앎이라 인내를 온전히 이루라 이는 너희로 온전하고 구비하여 조금도 부족함이 없게 하려 함이라"고 말한다.

이 구절에서 인내는 중요한 의미가 있다. 인내를 뜻하는 헬라어 후포모네(hupomone)는 '덮개 아래에 머물다'라는 뜻이다. 다시 말해 저항이 올 때 기쁘게 믿음의 덮개 아래 머물면 아무것도 놓치지 않고 온전해질 수 있다는 의미다. 믿음 안에서 앞으로 나아가는 자세를 유지할 때 시험은 졸업식이 된다.

나의 믿음이 시험에 처했을 때 나는 시험이라는 사실을 깨닫지 못했다. 그저 내가 가야 할 방향은 오직 한 가지, 즉 추구하고 추월하고 회복하는 것이라고만 생각했다. 야고보서 1장 2절에 사용된 시험이라는 헬라어는 도키미온(dokimion)으로 혼합물이 아닌 진짜임을 증명하는 과정이라는 의미로 번역된다. 베드로전서 4장 12절은 "사랑하는 자들아 너희를 연단하려고 오는 불 시험을 이상한 일 당하는 것 같이 이상히 여기지 말라"고 말한다.

이 구절은 불을 시험과 동일시한다. 금을 정련할 때 불순물이 표면으로 떠오를 때까지 가열한 다음 불순물을 걸러낸다. 당신이 지금 겪고 있는 불같은 시험이 즐겁지는 않겠지만, 연단된 믿음이 더 큰 권세를 주는 순수한 믿음으로 장부에 기록되고 있다는 사실을 유념하기 바란다.

기억하라, 믿음은 진진하고 두려움은 후퇴한다. 믿음은 앞을 바라보며 되어질 것에 대해 기대하게 하지만, 두려움은 뒤를 돌아보며 되지 않았던 일들을 후회하게 만든다. 야고보는 야고보서 1장에서 두 마음을 품은 사람은 주님으로부터 아무것도 받을 수 없으며 모든 면에서 불안정하다고 말한다. 두 마음을 품었다는 것은 한 사람 안에 두 개의 혼이 서로 충돌하는 것을 의미한다. 믿음은 당신의 혼에서 나오는 것이 아니라 영에서 나오는 것이다. 그렇기 때문에 하나님의 말씀과 성령님이 당신에게 주시는 감동 아래 서 있으면 인내를 가지고 믿음을 강화할 수 있다.

우리 믿음의 증가

예수님의 제자들은 더 큰 믿음을 구했다. 그들이 소유한 믿음 이상의 믿음이 필요하다는 것을 느낀 것이다. 제자들의 요청에 예수님은 믿음의 증가가 어떤 것인지 설명하기 위해 다음의 비유를 들어 설명해 주셨다.

> 너희 중 누구에게 밭을 갈거나 양을 치거나 하는 종이 있어 밭에서 돌아오면 그더러 곧 와 앉아서 먹으라 말할 자가 있느냐 도리어 그더러 내 먹을 것을 준비하고 띠를 띠고 내가 먹고 마시는 동안에 수종들고 너는 그 후에 먹고 마시라 하지 않겠느냐 명한 대로 하였다고 종에게 감사하겠느냐 이와 같이 너희도 명령 받은 것을 다 행한 후에 이르기를 우리는 무익한 종이라 우리가 하여야 할 일을 한 것뿐이라 할지니라 (눅 17:7-10)

제자들에게 주신 교훈은 최소한의 것을 넘어 기대되는 것 이상을 행할 때 믿음이 증가한다는 것이다.

우리는 구원에 이르는 믿음을 받았고, 하나님의 말씀을 들음으로 믿음이 증가하게 된다. 증가된 큰 믿음은 불가능 앞에서도 의심하지 않고 계속 앞으로 나아갈 때 더욱 성장하게 된다. 놀라운 믿음이란 믿음의 은사에 속하는 영역으로 설명할 수 없는 영역의 일들을 성취해 내는 초자연적인 믿음이다.

증가한 믿음에 대해 다시 한 번 살펴보자. 로마서 10장 17절은 "그러므로 믿음은 들음에서 나며 들음은 그리스도의 말씀으로 말미암았느니라"고 말한다. 이 구절은 하나님의 말씀을 들으라고 한다. 우리는 하나님의 말씀을 통해 우리의 영적 청각을 발달시키게 된다. 이것은 그저 말씀을 귀로 듣는 것 이상을 의미한다.

성경에서 귀로 듣는 것과 음성을 듣는 것은 완전히 다른 의미가 있다. 믿음은 헬라어로 피스티스(pistis)다. 무조건적으로 신뢰할 만큼 확신을 가지고 믿는다는 뜻이다. 바울은 말씀에 따라 행동하게 될 정도의 신뢰와 확신을 가지고 하나님의 말씀을 들으라는 메시지를 전하고 있다. 믿음의 증가는 그저 정적으로 들었다고 해서 일어나는 것이 아니라, 무엇을 듣는지에 따라, 그리고 들은 것에 반응할 때 일어나는 것이다.

요약하면 믿음은 천국에 있는 우리의 계좌를 활성화하며, 우리가 이 땅에서 사명을 수행할 수 있도록 예치된 자산을 풀어내 준다. 믿음이 클수록 더 큰 능력과 권세가 우리에게 부여된다. 믿음은 부도가 나지 않으며, 보냄 받은 목적을 성취할 수 있게 한다.

믿음은 전진하고 두려움은 후퇴한다. 믿음은 앞을 바라보며 되어질 것에 대해 기대하게 하지만, 두려움은 뒤를 돌아보며 되지 않았던 일들을 후회하게 만든다.

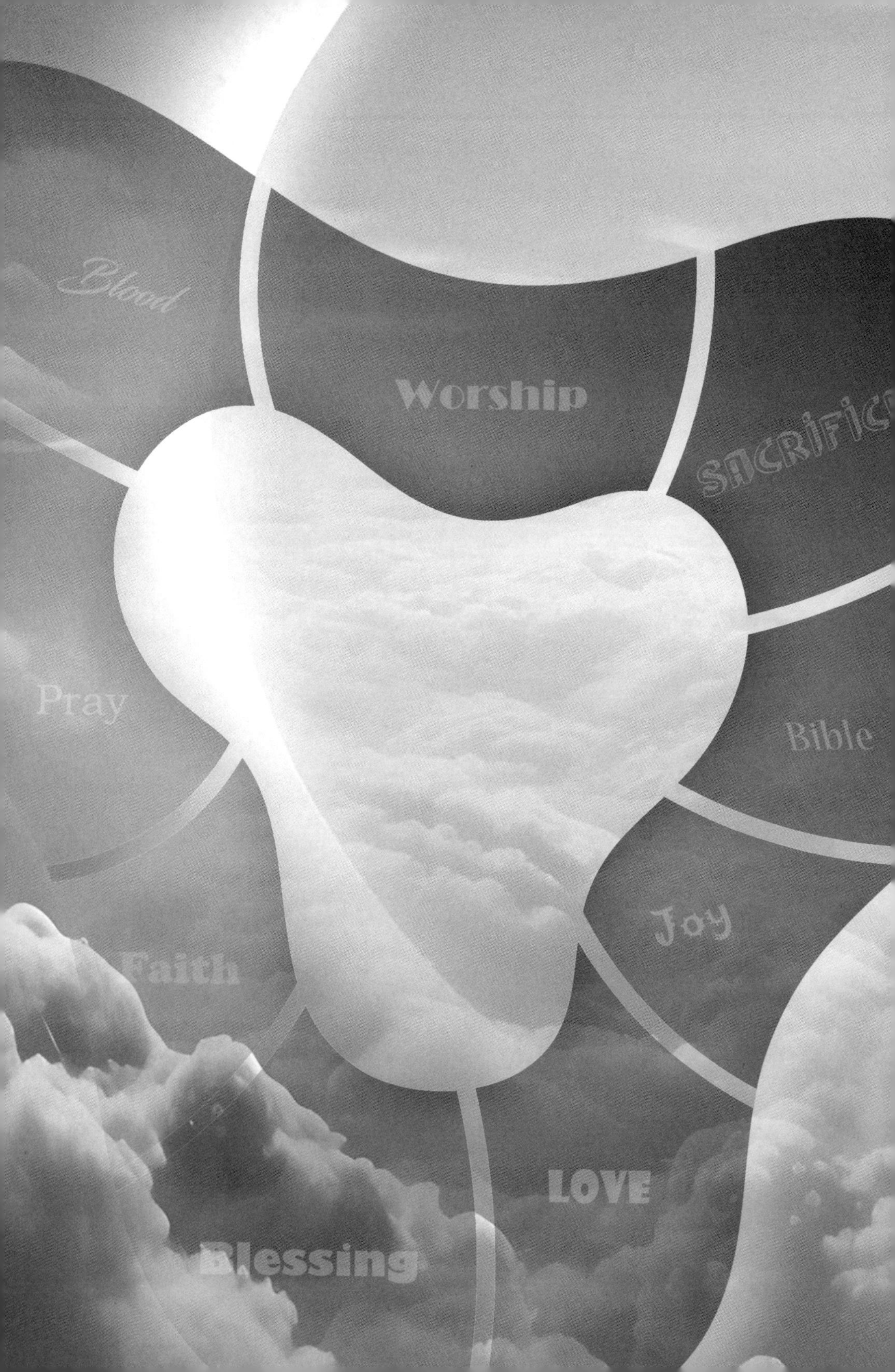
Blood
Worship
SACRIFIC
Pray
Bible
Joy
Faith
LOVE
Blessing

Chapter 4

기쁨의 화폐

기쁨은 종종 오해받기도 하지만 매우 중요한 화폐다. 대부분의 사람은 기쁨을 그저 우리의 기분을 좋게 만들고 오늘 하루 동안 최선을 다하게 해주는 긍정적인 감정 정도로 생각한다. 하늘에서 기쁨을 화폐나 자산으로 보는 이유는 자연적인 것이 아니라 초자연적인 기쁨이기 때문이다. 우리가 흔히 기쁨이라고 생각하는 것은 대부분 행복이다. 행복은 현재 일어나고 있는 일에 기반한다. 일이 우리에게 유리하게 진행되면 행복하다고 느낀다. 행복과 기쁨은 우리를 감정적으로 만들지만, 기쁨은 하나님의 영으로부터 오고, 행복은 우리의 혼에서 비롯된다. 기쁨은 우리의 영에 살면서 우리의 영을 일깨우지만, 행복은 우리의 혼이나 마음, 의지, 지성 안에 존재한다. 행복은 기분이 나쁘거나 감정이 상할 때 한순간에 변할 수 있다.

행복은 매우 변덕스럽고 오르락내리락하는 롤러코스터를 타는 것과도 같다. 반면에 우리가 항상 인식하지 못해도 기쁨은 언제나 우리와 함께한다. 또한 성령님과 함께한다. 그리스도 영의 본질은 바로 기쁨이다.

> 하나님이여 주의 보좌는 영원하며 주의 나라의 규는 공평한 규이니이다
> 왕은 정의를 사랑하고 악을 미워하시니 그러므로 하나님 곧 왕의 하나
> 님이 즐거움의 기름을 왕에게 부어 왕의 동료보다 뛰어나게 하셨나이다
> (시 45:6-7)

이 구절은 시편 기자가 본 메시아를 묘사하고 있고, 그 내용은 메시아의 통치와 왕좌다. 규는 그분의 통치와 권위를 나타내는 상징이며, 그분께 부어지는 기름 부음은 기쁨의 기름 부음인 권능을 말한다. 이것이 바로 내가 기쁨을 하나님의 보좌에서 가치 있는 화폐로 보는 단 한 가지 이유다. 시편 기자는 메시아에게 임한 기름 부음에 관한 감정을 이야기하는 것이 아니다. 이사야서 10장 27절은 "그 날에 그의 무거운 짐이 네 어깨에서 떠나고 그의 멍에가 네 목에서 벗어지되 기름진 까닭에 멍에가 부러지리라"고 말한다.

성경에 나오는 기름 부음은 주로 왕과 제사장들이 어떤 것에 가치를 부여하거나 성스러운 것이나 왕의 물건과 평범한 것을 구별하기 위해 사용했다는 점에서 중요한 의미가 있다. 이사야서 10장 27절의 멍에는 앗수르가 이스라엘 백성에게 가한 잔인성을 상징한다. 멍에는 노예와 통제의 상징이다. 멍에는 어떤 사물이나 사람을 다른 무언

가에 묶는 역할을 한다. 이사야 선지자는 기름 부음이 하나님 백성의 목에서 노예의 멍에를 끊을 것이라고 선언하는 것이다.

신약에서 기름 부음은 다른 기름 부음을 더 많이 받을 수 있게 해준다. 기름 부음을 표현할 때 일반적으로 사용되는 헬라어 단어는 카리스마(charisma) 또는 카리스(charis)다. 그리스도(Christ) 또는 크리스토스(Christos)는 기름 부음을 받은 자라는 의미다. 예수 그리스도는 기름 부음을 받은 자이시다. 시편 기자는 기름 부음을 받은 자가 기쁨의 기름으로 기름 부음을 받을 것이라고 선언한다. 그리스도의 속성 중 하나는 행복의 기름 부음이 아닌, 기쁨의 기름 부음이다. 기름 부음의 또 다른 일반적 의미는 '기름 바르거나 문지르다'이다. 원어로는 기름 짐 혹은 기름이 멍에를 부순다는 말이다.

오늘날의 표현으로 정리하면, 믿는 자 안에 있는 기름 부음이 너무도 기름져서 외적인 멍에를 부술 수 있다는 의미가 된다. 요한일서 4장 4절은 "자녀들아 너희는 하나님께 속하였고 또 그들을 이기었나니 이는 너희 안에 계신 이가 세상에 있는 자보다 크심이라"고 말한다. 기름 부음 받은 자와 당신의 영 내부에 있는 그분의 기름 부음이 외적으로는 당신의 삶에 존재하는 원수의 노예 삼음을 깨뜨리거나 폭발시킬 것이다. 하나님께서 일어나셔서 그분의 원수들을 흩으시게 하라(시 68:1). 기쁨이 솟구칠 때 원수들은 흩어질 것이다. 왜냐하면 기쁨은 일시적인 행복이 아니라 기름 부음 받은 자의 신성한 본성이기 때문이다.

기쁨의 폭발

1994년, 놀랍고 특별한 기쁨의 임파테이션이 있었다. 나는 여동생의 초대를 받고 텍사스주 록월에서 열린 집회에 참석했다. 동생은 기쁨의 기름 부음에 대해 설명해 주었다. 나는 다소 회의적이었지만 동시에 호기심도 있었다. 아내 다이앤은 나보다 더 가고 싶어 했다. 집회 장소는 차로 약 두 시간 거리였다. 어쩌다 보니 우리는 세 번째 줄에 앉게 되었다. 집회 장소는 3천 명이 넘는 사람들로 가득 찼다. 집회는 매우 파격적이었다. 외부인의 관점으로 바라보던 나의 눈에는 성령님께서 그분의 계획을 드러내실 때까지 기다리는 것 외에는 아무런 계획된 일정이 없는 것처럼 보였다. 찬양은 친밀했고 전적으로 주님께만 집중되어 있었다. 나는 성령님의 부드러움을 느꼈고 이것만으로도 충분히 참석한 가치가 있다고 생각했다.

성령님께 내어 드리라는 권유가 있은 후, 집회 주최자가 안수받으러 앞으로 나오라고 초청하였다. 그는 로드니 하워드 브라운이었다. 나는 그때까지만 해도 그 사람의 이름을 들어본 적은 없었다. 나는 다이앤을 바라보며 "두 시간을 운전해서 가야 하니 이제 그만 갈까요?"라고 물었다. 다이앤은 재빨리 "앞쪽으로 내려갈게요"라고 대답했다. 그곳은 우리가 있는 곳과 아주 가까웠다. 다이앤은 나의 결정을 기다려주지 않고 내 앞을 지나 내려갔다. 나는 지금 따라가지 않으면 인파 속에서 아내를 놓치겠다고 생각했다. 그녀 옆에 서자마자 내 머리 위에 손이 얹어졌고 "채워주소서. 더 채워주소서, 주님!"이라는 말을 들었다. 나는 뒤로 나가떨어져 바닥에 누운 채 방금 무슨 일이 일어났는지 의아해하고 있었다. 그렇다고 뭔가 특별한 느낌은 없었다. 나는 그저 마음속으로 이런 생각을 했다. '다이앤도 옆에 누워 있으니 좀 누워서 쉬어야겠군. 어차피 집으로 가는 길도 멀고 다이앤이 갈 준비가 될 때까지 기다렸다가 그때 출발하지 뭐.' 얼마나 오랜 시간이 지났는지는 모르겠지만 아내가 조금씩 움직이는 것 같아서 일어나서 그녀를 일으켜 세웠다.

문을 향해 걸어가던 중 우리 교회 장로님 두 분을 발견했다. 그때까지만 해도 그분들이 거기 계신 줄 몰랐다. 내 생각에 한 분은 약간 취해 있는 것 같았다. 우리는 성령 충만에 익숙했기 때문에 그 모습이 이상하지는 않았다. 하지만 두 장로님은 확실히 이전과는 다르다고 생각했다.

예배당을 둥글게 둘러싸고 있는 복도에 들어가기 위해 문을 열자마자 깊은 신선한 웅덩이에 발을 들여놓은 것 같은 기분이 들었다. 문에 등을 대고 입구를 막은 채 미끄러져 내려 바닥에 앉았다. 그러고는 아무 이유도 없이 아주 유쾌하게 웃기 시작했다. 나는 나를 밟고 넘어가는 사람들이 주차장 쪽으로 가는 모습을 올려다봤다. 다이앤은 "그것 봐요. 당신도 기도받으러 나갈 필요가 있었어요"라고 말하듯 아주 기분 좋은 미소를 지으며 나를 바라보고 있었다.

그곳에 사람들이 사용할 수 있는 다른 문들이 있어서 다행이었다. 그 자리에 얼마나 오래 앉아 있었는지 알 수 없을 정도로 아주 놀라운 무언가가 내 영·혼·육을 가득 채웠다. 그것은 주님의 기쁨이었고, 나는 주님과 매우 가깝다고 느꼈으며, 그동안 내가 목회자로서 받은 모든 상처와 아픔이 깨끗하게 씻겨 내려가는 것을 느꼈다. 마침내 교회에서 나오면서 나와 비슷한 경험을 한 수많은 사람이 있다는 것을 알았다. 다음 주일에 나는 이틀 전 저녁에 있었던 일을 아는 사람이 아무도 없기를 바랐다. 다른 사람들이 그저 따라 하듯 일어나는 현상을 원치 않았고, 나는 이것이 나에게만 필요해서 생긴 일이라고 생각했다.

주일에 늘 하던 대로 나는 장로님들 옆 단상에 섰고, 찬양 시간은 주님과 아주 친밀했다. 그러다 갑자기 나는 무슨 일이 일어났는지도 모른 채 앞으로 쓰러졌다. 단상에서 함께 찬양하고 있던 다이앤은 쿵하는 소리를 듣고 내가 바닥에 쓰러진 것을 보았다. 그녀가 나중에 말하기를 "그때 주님께 무슨 일이 일어나는 중이냐고 여쭤봤어요. 그러자 주님은 '내가 직접 역사하려고 그를 치우고 있다!'라고 말씀하셨어요"라고 하였다. 이번에는 아버지께서 나를 사랑해 주시는 것을 더 조용히 즐길 수 있었다. 나는 장로님들이 내가 괜찮은지 서로 속삭이는 소리를 들었다. 어떤 장로님은 내가 맥박이 있는지 확인해 봐야겠다고 말했지만, 곧 그렇게 하지 않기로 마음을 바꿨다.

예배는 계속 진행되었고, 특별히 무언가를 하지 않았는데도 사람들이 바닥에 쓰러지는 소리가 들렸다. 성령님께서 주관하시는 것이 분명했고, 주님의 주권적인 무게가 예배당에 가득했다. 어떤 사람들은 유쾌하게 웃었고, 어떤 사람들은 조용히 흐느끼고 있었다. 그 후 몇 달 동안 놀라운 간증들이 이어졌다. 성령님께서 하나님 아버지의 마음을 계시해 주시고 계셨다. 성령님께서 사람들의 마음 깊은 곳을 만져 주셨다.

주님의 기쁨은 우리에게 새로운 힘을 주었고, 우리는 예전과 같지 않았다. 잠언 17장 22절은 "마음의 즐거움은 양약이라도 심령의 근심은 뼈를 마르게 하느니라"고 말한다. 주님께서 우리에게 부어 주신 기쁨의 기름 부음의 능력으로 인해 멍에가 끊어지고 있었다. 우리는 주님의 기쁨이 얼마나 좋은 약이 되는지 직접 목격하였다. 웃음이 터져 나오는 것이 우리의 목표는 아니었지만, 그러한 영적 수혈을 통해 일어난 변화는 영광스러웠다. 나는 기쁨에 빠져 있는 시간을 통해 기쁨이 단순히 기분 전환을 위한 것이 아니라 그동안 갖지 못했던 무기가 될 수 있다는 것을 배웠다.

멕시코에서 사역할 때 강단으로 돌진하여 집회를 방해하려던 한 청년을 만났다. 그는 마귀의 목소리를 내며 영어로 내 눈을 뽑아 죽이러 왔다고 말했다. 평소 같았으면 흥분해서 그 마귀를 꾸짖기 시작했을 것이다. 하지만 이번에는 내 생각이 아닌 나의 영으로부터 주님의 기쁨이 솟아나는 것을 느끼며 웃기 시작했다. 평소 같았으면 이 청년의 행동 때문에 내 마음이 불안했을 것이다.

그가 강단 첫 번째 계단에 섰을 때 나는 웃으면서 "너는 정말 작은 마귀구나. 이제 넌 다 끝났으니 그 사람을 떠나라"고 말했다. 아무도 그를 건드리지 않았는데 그는 뒤로 날아가 바닥에 떨어졌다. 그러자 집사들이 그를 뒷방으로 끌고 갔다.

집회가 끝날 무렵, 그 청년은 온전한 축사와 성령 세례를 받고 제

천국 화폐의 축복을 취하라

정신으로 돌아왔다. 그때 나는 그 청년이 영어를 못한다는 사실을 알았다. 나는 고작 1분 남짓 되는 시간에 아주 빠르게 주님의 기쁨이 마귀를 압도하고 상황을 종료시키는 것을 보았다. 그때 집회에 참석한 사람들에게 이 일은 기사와 이적이었다. 시편 2편 4절은 "하늘에 계신 이가 웃으심이여 주께서 그들을 비웃으시리로다"라고 말한다.

기름 부음으로 묶임의 멍에가 끊어지고, 우리가 두려움이나 혼란에 빠지지 않으면 어둠의 왕국은 무엇을 해야 할지 모르게 된다. 우리가 말할 수 없는 주님의 기쁨으로 충만할 때 하나님의 영광이 원수를 압도하게 된다.

두 나라의 충돌

하나님의 나라는 먹는 것과 마시는 것이 아니요 오직 성령 안에 있는 의와

평강과 희락이라 (롬 14:17)

기쁨이 성령의 기름 부음의 일부라는 것은 매우 흥분되는 일이다. 하나님 나라는 기쁨의 나라다. 기쁨의 반대말은 두려움과 슬픔이며, 두 가지 모두 어둠의 왕국에 대한 아주 적절한 묘사다. 기쁨이 있으면 하나님 나라의 빛이 나타나 사람들을 절망과 혼란에 빠뜨리는 어둠을 몰아낸다. 이 두 나라의 충돌은 매우 뚜렷하게 드러나며, 기쁨은

언제나 어둠을 이긴다.

에베소서 4장 30절은 "하나님의 성령을 근심하게 하지 말라 그 안에서 너희가 구원의 날까지 인치심을 받았느니라"고 말한다. 슬퍼한다는 것은 결혼을 약속받지 못하고 제단에 남겨진 연인이 느끼는 감정이다. 우리를 구속의 날로 인도하기 위해 인치신 분이자 우리의 변호자이신 성령님께서 슬퍼하신다면, 그분으로부터 임하는 기쁨도 제약될 것이고, 우리는 길을 잃고 표류하는 것처럼 느낄 것이다. 또한 기쁨은 성령께서 항상 우리와 함께하신다는 것을 인식하는 것이다.

하나님 나라는 우리가 생각하는 왕들이 하는 행동들, 즉 먹고 마시는 외적인 것들이 전부가 아니다. 오히려 하나님 나라는 우리 안에 있다. 예수님은 로마의 재판관 빌라도와 대면했을 때 이 점을 분명히 하셨다. 빌라도가 예수님이 누구인지 이해해 보려 노력했을 때, 예수님은 빌라도의 질문에 "내 나라는 이 세상에 속한 것이 아니니라 만일 내 나라가 이 세상에 속한 것이었더라면 내 종들이 싸워 나로 유대인들에게 넘겨지지 않게 하였으리라 이제 내 나라는 여기에 속한 것이 아니니라"고 대답하셨다(요 18:36). 두 나라의 충돌을 완벽하게 묘사한 말씀이다.

이 땅에 존재하는 인간의 나라는 스스로 취한 권력과 영향력을 위해 싸우는 나라다. 예수님은 이 세상 영역 밖의 하나님 나라를 말씀하신 것이고, 그 나라의 전쟁은 혈과 육의 싸움이 아니라 하늘에서 싸우는 영적 전쟁이다. 바울은 이 왕국을 성령님 안의 의와 평강과 희락의 나라라고 말한다. 이는 최고의 전쟁 전략은 하나님 나라에서 비롯되며 두려움과 협박이 아닌 기쁨에서 나온다는 것을 가르쳐 준다.
욥기 3장 25절은 "내가 두려워하는 그것이 내게 임하고"라고 말한다.
어둠의 나라는 이런 식으로 허점을 찾아 작전 기지를 구축한다. 마귀
는 사람들 안의 두려움의 장소를 찾아 여기로 더 많은 두려움의 마귀
들을 불러들여 그 사람을 먹이로 삼는다. 이와 반대로 하나님 나라는
믿는 자들 안에 기쁨의 기초를 세워 두려움에 저항하며, 때때로 두려
움의 요새를 공격하여 노예 된 자들을 자유롭게 한다.

> 우리의 싸우는 무기는 육신에 속한 것이 아니요 오직 어떤 견고한 진도 무
> 너뜨리는 하나님의 능력이라 모든 이론을 무너뜨리며 하나님 아는 것을
> 대적하여 높아진 것을 다 무너뜨리고 모든 생각을 사로잡아 그리스도에게
> 복종하게 하니 (고후 10:4-5)

우리는 마귀의 본성을 가진 적을 상대로 살과 피의 재래식 무기를
사용하지 않는다. 우리의 무기는 반드시 하나님 나라에서 온 것이어야
한다. 기쁨은 방어용 무기일 뿐만 아니라 공격용 무기이기도 하다.

당신의 기쁨을 빼앗기지 말라

예수님은 마음에 기쁨을 유지하는 것을 무엇보다 강조하셨다. 예
수님은 출산하는 여인을 예로 들어 설명하셨다. 진통 중에는 슬픔과

고통이 있지만, 아이를 낳는 순간 아이가 이 세상에 가져오는 기쁨으로 인해 더 이상 괴로워하지 않는다는 것이다. 요한복음 16장 22절은 "지금은 너희가 근심하나 내가 다시 너희를 보리니 너희 마음이 기쁠 것이요 너희 기쁨을 빼앗을 자가 없으리라"고 말한다. 기쁨은 혼의 감정이 아니고 우리의 영이 가진 능력이기 때문에 아무도 기쁨을 빼앗을 수 없으며, 우리는 주님의 기쁨이 우리를 지배하도록 허용해야 할 책임이 있다.

마귀의 전술 중 하나는 주님의 기쁨이 우리 안에서 통치하는 것을 막는 것이다. 마귀는 우리 영의 기쁨을 빼앗을 수는 없다. 빼앗을 수 있는 유일한 기회는 우리가 내면을 위해 살지 않고 삶의 근심과 많은 걱정으로 인해 주의가 산만할 때다. 내면을 위해 산다는 것은 우리의 영에서 영원한 힘을 이끌어 낸다는 것을 의미한다. 전도서 3장 11절은 주님께서 우리 마음에 영원을 두셨다고 말한다. 우리의 영이 이끄는 내면의 마음으로 살면 삶의 근심들로 인해 우리의 주의가 산만해지는 것을 막아주는 영원한 관점이 생긴다. 산만함은 우리 안에 계신 그분에게 집중하지 않고 우리에게 일어나는 다른 일에 집중할 때 생긴다.

> 우리가 주목하는 것은 보이는 것이 아니요 보이지 않는 것이니 보이는 것
> 은 잠깐이요 보이지 않는 것은 영원함이라 (고후 4:18)

주님의 기쁨은 눈에 보이지 않지만 영원하다. 우리 밖에 있는 것

들은 눈에 보이지만 일시적이다. 영원한 것을 지키기 위해 우리는 현재 삶의 문제에 주의가 끌리지 않도록 조심해야 한다. 따라서 우리는 다음과 같은 질문들을 통해 영들을 시험할 수 있어야 한다.

첫째, "이 근심의 근원은 어디인가?" 둘째, "이것이 곧 지나갈 일시적인 느낌이나 상태인가?" 셋째, "그렇다면 왜 굳이 이것에 관심을 집중해서 오래 지속시키려 하는가?"

기쁨의 사명

때는 1987년 7월 17일, 이 날짜는 내 마음속에 선명하게 남아 있다. 텍사스주 타일러에서 트리니티 펠로우십 교회를 개척한 날이기 때문이다. 창립 목사로서 내게 주어진 임무가 무엇인지 마음속으로 크게 들려왔던 날이기도 하다. 나는 이제 갓 시작한 이 공동체를 어떻게 수십 년 동안 변화의 길로 이끌 수 있을지에 관한 지혜를 구했다.

성령님께서 감당해야 할 개척 교회의 사명 세 가지를 감동으로 주셨다. 첫 번째는 느헤미야 8장 10절이다. "느헤미야가 또 그들에게 이르기를 너희는 가서 살진 것을 먹고 단 것을 마시되 준비하지 못한 자에게는 나누어 주라 이 날은 우리 주의 성일이니 근심하지 말라 여호와의 기쁨이 너희의 힘이니라"(영어 성경은 "주님의 기쁨"-역자 주). 이 구절은 마치 네온사인 불빛처럼 내 눈에 들어왔다. 이 구절에는 주님이 말씀하신 중요한 몇 가지가 있었다. 그중 하나는 아무것도 준비되지 않은 사람들에게 나누어 주라는 것이었다. 하나님은 이 구절을 통해 대부분의 교회에서 성도의 대상으로 삼지 않는 사람들, 즉 가난하고 어려움을 겪고 있는 가정들을 기억해야 한다고 말씀하셨다. 그래서 첫날부터 양식이 필요한 모든 사람에게 식료품을 나눠주기 시작했다. 오늘날 이 봉사 활동은 큰 창고와 물건들을 팔레트 단위로 실어 나를 지게차와 트럭이 필요할 정도로 성장했다.

두 번째는 주님의 기쁨의 중요성이었다. 더 나아가 주님의 기쁨이 곧 힘이라는 점이다. 히브리어로 힘은 모에드(moed)이며, 이 단어는 동사를 최대한으로 강조해 준다. 나는 이것이 사실임을 알게 되었다. 사역하는 동안 기쁨이 있으면 예언할 힘이 생기거나 평소의 나에서 벗어나는 담대함이 생긴다. 이 구절에는 주님을 향한 기쁨이라고 되어 있지 않다. 만약 그랬다면 일종의 열심이나 열정을 의미하며, 혼적 의미로는 틀리지는 않다. 이 구절은 주님의 기쁨이라고 분명하게 선포하고 있으며, 이는 기쁨이 주님께 속하였고 주님으로부터 임한다는 것을 의미한다. 느헤미야서에서 이 구절의 문맥은 예루살렘 성벽 재건을 방해하고 유대인들이 예배 회복을 위해 성전을 재건하는 것을 방해하는 적의 공격에 맞서기 위한 예언적 말씀이다.

주님의 기쁨은 그저 감정을 격려해 주는 말이 아니라 사명을 완수할 수 있는 힘을 주시는 것이다. 수년 동안 힘든 시간을 보내고 있을 때, 나는 주님의 기쁨이 직면한 어려움들을 뛰어넘는 것이 느껴질 때까지 나의 요새로 가서 주님이 주신 말씀을 묵상하는 시간을 보냈다. 나는 주님의 기쁨이 내 영을 씻겨주고 궁극적으로 나의 혼에 흘러들지 않고는 어떤 상황도 맞닥뜨리고 싶지 않았다. 기쁨이 있는 곳에는 성령님께서 임하셔서 하나님 임재의 위엄을 보여 주실 것을 나는 알고 있다.

이사야서 12장 3절은 "그러므로 너희가 기쁨으로 구원의 우물들에서 물을 길으리로다"라고 말한다. 신약 성경에서 구원은 보통 소조 (sozo)라는 단어가 사용되는데, 이는 '치유되다, 구원받다, 자유롭게 되다' 등을 의미한다. 나는 구원의 우물과 기쁨의 연관성을 좋아한다. 나에게 있어서 기쁨은 새로운 용기를 마음속으로 끌어올려 주는 두레박이다. 당신의 영 깊숙한 곳에 두레박을 내려 신선한 기쁨을 당신의 상황으로 끌어올려 내는 법을 배우는 것은 아주 중요하다.

> 내가 산 자들의 땅에서 여호와의 선하심을 보게 될 줄 확실히 믿었도다
> 너는 여호와를 기다릴지어다 강하고 담대하며 여호와를 기다릴지어다
> (시 27:13-14)

요즘 사람들은 삶 속에서 좋은 것들을 보지 못하는 경향이 있다. 기쁨은 혼돈 너머 주님의 선하심을 볼 수 있는 능력을 주는 열쇠다.

기쁨은 우리에게 극복해야 할 시기와 문제가 있음을 알면서도 우리의 비전에 집중할 수 있게 해준다.

기쁨은 우리가 받을 진정한 상에 우리의 눈을 지속적으로 고정할 수 있도록 도와준다.

기쁨은 이 땅에서만 경험하는 것이 아니다. 천국도 기쁨으로 가득

차 있다.

기쁨은 고통이 없다는 의미가 아니라 하나님의 임재 안에 있는 것이다.

기쁨은 우리를 둘러싼 상황과는 아무런 관련이 없다.

기쁨은 하나님의 선하심에 대한 깊고 영원한 기초이며, 더 나은 내일에 대한 희망을 불러일으킨다.

기쁨은 우리의 성과에서 오는 것이 아니라 주님으로부터 오는 것이다.

기쁨은 우리 삶 속에서 변하지 않는 요소로 존재하며 영원히 떠나지 않는다.

왜냐하면 하나님은 과거에도 미래에도 영원히 변하지 않으시기 때문이다. 중요한 점은 기쁨을 시야에서 멀어지지 않게 하는 것이다. 당신이 겪는 모든 일에서 기쁨을 찾아보라. 겉으로 드러나는 기쁨이 없을지라도 슬픔 가운데서도 보여 달라고 성령님께 요청하라. 기쁨을 찾는 방법을 알면 언제나 찾을 수 있다. 우리는 기쁨이 주도하는 법을 배워야 한다. 그중 한 가지가 찬양이다.

찬송의 옷

무릇 시온에서 슬퍼하는 자에게 화관을 주어 그 재를 대신하며 기쁨의 기름으로 그 슬픔을 대신하며 찬송의 옷으로 그 근심(NKJV: 무거움의 영)을 대신하시고 그들이 의의 나무 곧 여호와께서 심으신 그 영광을 나타낼 자라 일컬음을 받게 하려 하심이라 (사 61:3)

예수님께서는 이 일이 성취된 그날에 성전에서 위 구절을 읽으셨다.

예수께서 그 자라나신 곳 나사렛에 이르사 안식일에 늘 하시던 대로 회당에 들어가사 성경을 읽으려고 서시매 선지자 이사야의 글을 드리거늘 책을 펴서 이렇게 기록된 데를 찾으시니 곧 주의 성령이 내게 임하셨으니 이는 가난한 자에게 복음을 전하게 하시려고 내게 기름을 부으시고 나를 보내사 포로 된 자에게 자유를, 눈 먼 자에게 다시 보게 함을 전파하며 눌린 자를 자유롭게 하고 주의 은혜의 해를 전파하게 하려 하심이라 하였더라 책을 덮어 그 맡은 자에게 주시고 앉으시니 회당에 있는 자들이 다 주목하여 보더라 이에 예수께서 그들에게 말씀하시되 이 글이 오늘 너희 귀에 응하였느니라 하시니 (눅 4:16-21)

예수님께서 "주의 성령이 내게 임하셨으니 이는 … 내게 기름을 부으셨음이라"는 말씀으로 시작하신 것에 주목하라. 기쁨은 우리에게 임할 수 있는 기름 부음이며, 우리가 기쁨의 기름 부음에 순복할 수 있는 한 가지 방법은 주님을 찬양하는 것이다.

이사야는 기쁨을 대적하는 원수인 무거움의 영을 대신하는 것을 우리가 의지로 입을 수 있는 옷으로 묘사한다. 찬양이란 구원받은 때부터 영원까지 하나님께서 당신을 위해 행하신 모든 일을 떠올리는 것이다. 주님의 인자하심은 영원하다. 나는 진심으로 주님께 감사드릴 때마다 언제나 기쁨을 경험하였다. 찬양은 기쁨을 불러일으키고 기쁨은 기름 부음의 외투를 입혀 준다.

시편 16편 11절은 "주께서 생명의 길을 내게 보이시리니 주의 앞에는 충만한 기쁨이 있고 주의 오른쪽에는 영원한 즐거움이 있나이다"라고 말한다. 기쁨은 언제나 주님의 임재와 함께하기 때문에 당신이 주님의 임재 안에 있는지를 아는 것은 어렵지 않다. 시편 95편 1절은 "오라 우리가 여호와께 노래하며 우리의 구원의 반석을 향하여 즐거이 외치자"라고 우리를 격려한다. 찬양에는 예수님을 향한 사랑이 굳건한 사람들에게서 나오는 즐거운 소리가 있다.

나는 주님의 임재 속으로 들어가기 원할 때 시편 68편 1절 "하나님이 일어나시니 원수들은 흩어지며 주를 미워하는 자들은 주 앞에서 도망하리이다"라는 말씀을 떠올린다. 그리고 성령님 안에서 하늘의 방언으로 노래하기 시작하며, 하나님의 본성으로 나의 혼을 깨끗하게 씻겨 주시는 것 외에는 그 어떤 것도 구하지 않는다. 그저 주님에 대한 사랑을 표현할 수 있도록 성령님께서 도와주시기를 구한다. 특히 주님의 말씀을 분명하게 들어야 하는 집회에 들어가기 전에는 이러한 시간을 통해 힘을 얻는다. 주님의 임재 안에 머무르는 법을 배우고 당신과 주님과의 교제를 새롭게 해주시도록 허락해 드려라. 로마서 15장 13절은 이러한 내 생각을 잘 설명해 준다.

소망의 하나님이 모든 기쁨과 평강을 믿음 안에서 너희에게 충만하게 하

사 성령의 능력으로 소망이 넘치게 하시기를 원하노라

그리고 갈라디아서 5장 22-25절은 성령님의 속성에 대해 다음과
같이 설명한다,

> 오직 성령의 열매는 사랑과 희락과 화평과 오래 참음과 자비와 양선과 충
> 성과 온유와 절제니 이같은 것을 금지할 법이 없느니라 그리스도 예수의
> 사람들은 육체와 함께 그 정욕과 탐심을 십자가에 못 박았느니라 만일 우
> 리가 성령으로 살면 또한 성령으로 행할지니

성령의 열매는 복수가 아닌 단수, 즉 성령의 열매들이 아닌 성령의
열매다. 이 모든 속성은 성령님께서 비옥한 마음 밭에서 만들어내시
는 것들을 설명한다. 처음 세 가지 열매, 즉 사랑, 희락(기쁨), 화평(평화)
은 성령께서 우리에게 주시는 것이지만, 나머지 열매는 우리가 선택해
야 하는 것들이다. 우리가 오래 참음(인내)과 온유를 선택해야 하며, 절
제 역시 선택의 문제다. 주님은 우리가 나머지 열매를 맺을 수 있도록
처음 세 가지를 주셨다. 열매라는 단어는 꼭 나무에서 열리는 것만을
의미하는 것이 아니다. 어떤 일의 결과를 의미한다. 예를 들어 노동의
열매는 당신이 열심히 일한 결과다. 마찬가지로 성령의 열매는 주님께
서 우리의 삶을 위해 선택하신 청사진에 맞게 우리를 변화시키시도록
성령님께 허락해 드린 결과인 것이다.

기쁨의 그림

대부분의 사람이 기쁨을 감정이 아닌 영적 기름 부음으로 이해하는 것이 쉽지는 않을 것이다. 기쁨에는 두 가지 관점이 있다. 하나는 하나님의 관점이고, 다른 하나는 우리의 관점이다. 기쁨은 하늘에 계신 아버지로부터 비롯되어 우리에게 주어지므로, 진리는 그분의 기쁨이 우리의 기쁨이 된다는 것이다. 예를 들어 아내 다이앤이 나에게 무언가를 부탁할 때가 있다. 때때로 아내가 부탁하는 일이 즐겁지 않을 수도 있지만, 그 일이 아내에게 기쁨이 되는 것을 보면 기분이 좋아진다.

마찬가지로 당장은 힘들고 스트레스를 받을지라도, 믿음으로 할 때 주님께 기쁨을 드리게 되는 것이다. 마태복음 25장 23절에서 예수님은 "그 주인이 이르되 잘하였도다 착하고 충성된 종아 네가 적은 일에 충성하였으매 내가 많은 것을 네게 맡기리니 네 주인의 즐거움에 참여할지어다"라고 하셨다. 이 비유에서 예수님은 주님이 주신 것을 가져다가 증가시킨 두 명의 신실한 청지기에 대해 말씀하신다. 받은 것을 증가시키라는 지시를 따르지 않은 종은 주님의 기쁨에 들어가는 축복을 받지 못했다.

마태복음 25장 35절에서의 기쁨은 즐거움으로 번역할 수 있다. 따라서 우리는 신실한 청지기가 순종을 통해 주님께 즐거움을 드린 것을 볼 수 있다. 그들은 주님의 기쁨에 들어갈 수 있도록 초대받았다. 이것은 마치 누군가를 집에 초대하는 것처럼 어느 한 곳에서 다른 곳으로 이동하라는 매우 구체적인 초대다. 히브리어는 문자뿐만 아니라 그에 상응하는 그림 문자로도 쓰이기 때문에 마치 애니메이션과 같은 이야기를 들려준다. 기쁨이라는 단어와 관련된 상형문자 자음들은 쳇(chet, ח), 달렛(dalet, ד), 헤이(hey, ה) 세 가지다. 쳇은 울타리나 벽을, 달렛은 문을, 그리고 자음으로서의 헤이는 팔을 들고 있는 사람을 형상화한 그림으로 멋진 광경을 바라본다는 의미도 있다.

이 세 가지 그림을 종합하면 기쁨은 히브리어로 '두 팔 벌려 기쁨의 얼굴로 우리를 맞이하시는 여호와의 집에 들어갈 수 있도록 그분께서 벽에 문을 내주셨다'는 뜻이 된다. 히브리 문화에서 누군가의 집에 들어간다는 것은 언약을 위해 초대받았음을 의미한다. 이 경우에는 우리에게 그분의 아들이신 예수님의 문을 통해 죄의 벽을 통과하여 그분의 집에 들어가 그분과 언약을 맺을 수 있는 초대, 즉 기쁨을 주신 것이다.

> 내 아버지 집에 거할 곳이 많도다 그렇지 않으면 너희에게 일렀으리라 내
> 가 너희를 위하여 거처를 예비하러 가노니 (요 14:2)

이 말씀은 예수님께서 하나님과 언약을 맺은 사람들을 위해 준비된 아버지의 집으로 우리를 초대하신다는 내용을 담고 있다. 이제 내가 기쁨을 천국의 화폐로 보는 이유를 이해할 것이다. 더 나아가 요한복음 15장 8-11절은 이렇게 말한다,

> 너희가 열매를 많이 맺으면 내 아버지께서 영광을 받으실 것이요 너희는

내 제자가 되리라 아버지께서 나를 사랑하신 것 같이 나도 너희를 사랑하였으니 나의 사랑 안에 거하라 내가 아버지의 계명을 지켜 그의 사랑 안에 거하는 것 같이 너희도 내 계명을 지키면 내 사랑 안에 거하리라 내가 이것을 너희에게 이름은 내 기쁨이 너희 안에 있어 너희 기쁨을 충만하게 하려 함이라

예수님께서 그분의 기쁨이 우리 안에 있다고 말씀하신 다음, 그 기쁨이 우리의 기쁨이라고 언급하셨다는 점에 주목할 필요가 있다. 예수님이 이 땅에서 누렸던 기쁨과 동일한 기쁨이 우리 안에 있기 때문에 기쁨이 우리에게 어려운 시기를 헤쳐 나갈 수 있게 해주며, 기쁨을 신선하고 활기차게 유지해 주는 그분의 말씀이 우리 안에 거하며 사시기 때문에 우리의 기쁨이 온전하며 충만하다는 것이다.

기쁨 회복하기

하나님은 우리가 그분의 집과 언약 안에서 영원히 살 수 있다는 약속을 철회하지 않으신다. 하지만 구원의 우물에서 물을 길어 올리는 것 자체가 어려울 때도 있다. 시편 51편 10-12절에서 다윗왕은 밧세바와의 죄를 회개하기 위해 주님께 부르짖는다.

하나님이여 내 속에 정한 마음을 창조하시고 내 안에 정직한 영을 새롭게

하소서 나를 주 앞에서 쫓아내지 마시며 주의 성령을 내게서 거두지 마소서 주의 구원의 즐거움을 내게 회복시켜 주시고 자원하는 심령을 주사 나를 붙드소서

나단 선지자가 진리를 대면시킨 후 다윗이 한 회개는 자신의 죄뿐만 아니라 하나님의 임재를 잃고 성령이 함께하지 않을 위험에 처할 수도 있음을 깨닫게 해주었다.

마지막으로 다윗은 구원의 기쁨을 회복시켜 달라고 기도한다. 신약에서 성령님은 구약에서와는 다른 위치에서 우리와 함께하신다. 구약에서 성령님은 우리 밖에 계시면서 필요할 때 믿는 자들에게 임하셨다. 신약에서는 예수님께서 요한복음 14장 17절에서 성령이 우리와 함께하실 뿐만 아니라 우리 안에 거하실 것이라고 약속하셨다. 다시 말해 성령님께서는 우리 주변에 계시는 것에서 우리 안에 계시는 것으로 위치를 옮기신 것이다.

예수님은 요한복음 16장 13절에서도 성령님께서 우리의 마음을 인도하시고 예수님께서 말씀하신 모든 것을 상기시켜 주실 것이라고 말씀하셨다. 예레미야도 우리 시대에 대해 예언했다.

그러나 그 날 후에 내가 이스라엘 집과 맺을 언약은 이러하니 곧 내가 나의 법을 그들의 속에 두며 그들의 마음에 기록하여 나는 그들의 하나님이 되고 그들은 내 백성이 될 것이라 여호와의 말씀이니라 (렘 31:33)

오늘날 우리에게 주님의 기쁨을 회복한다는 것은 성령님과의 교제를 통해 우리의 마음과 생각에 기쁨을 새롭게 하는 것이다.

다섯 가지 영역의 기쁨 점검 테스트

1. 표정이 밝을 때보다 찡그릴 때가 더 많은가? 시편 42편 11절을 읽어보라.

2. 자기 말을 유념해서 들어보라. 마태복음 12장 34절은 "마음에 가득한 것을 입으로 말함이라"고 말한다. 부정적인 말이 당신의 언어를 장악하고 있지는 않는가?

3. 당신의 기도를 들어보라. 두려움에 기반한 기도인가, 믿음에 기반한 기도인가? 승리에 관한 기도인가, 패배에 관한 기도인가?

4. 당신의 헌금 습관을 점검해 보라. 의무감으로 하는가, 기쁨으로 하는가? 고린도후서 9장 7절은 "하나님은 즐겨 내는 자를 사랑하시느니라"고 말한다.

5. 요즘 어떤 주제에 대해 가장 많이 이야기하는가? 평소보다 더 비판적이고 축복보다는 비난의 말을 더 많이 하지 않는가?

다음은 기쁨을 샘솟게 할 선포다.

여호와께 감사하라 그는 선하시며 그 인자하심이 영원함이로다 여호와의

속량을 받은 자들은 이같이 말할지어다 여호와께서 대적의 손에서 그들

을 속량하사 (시 107:1-2)

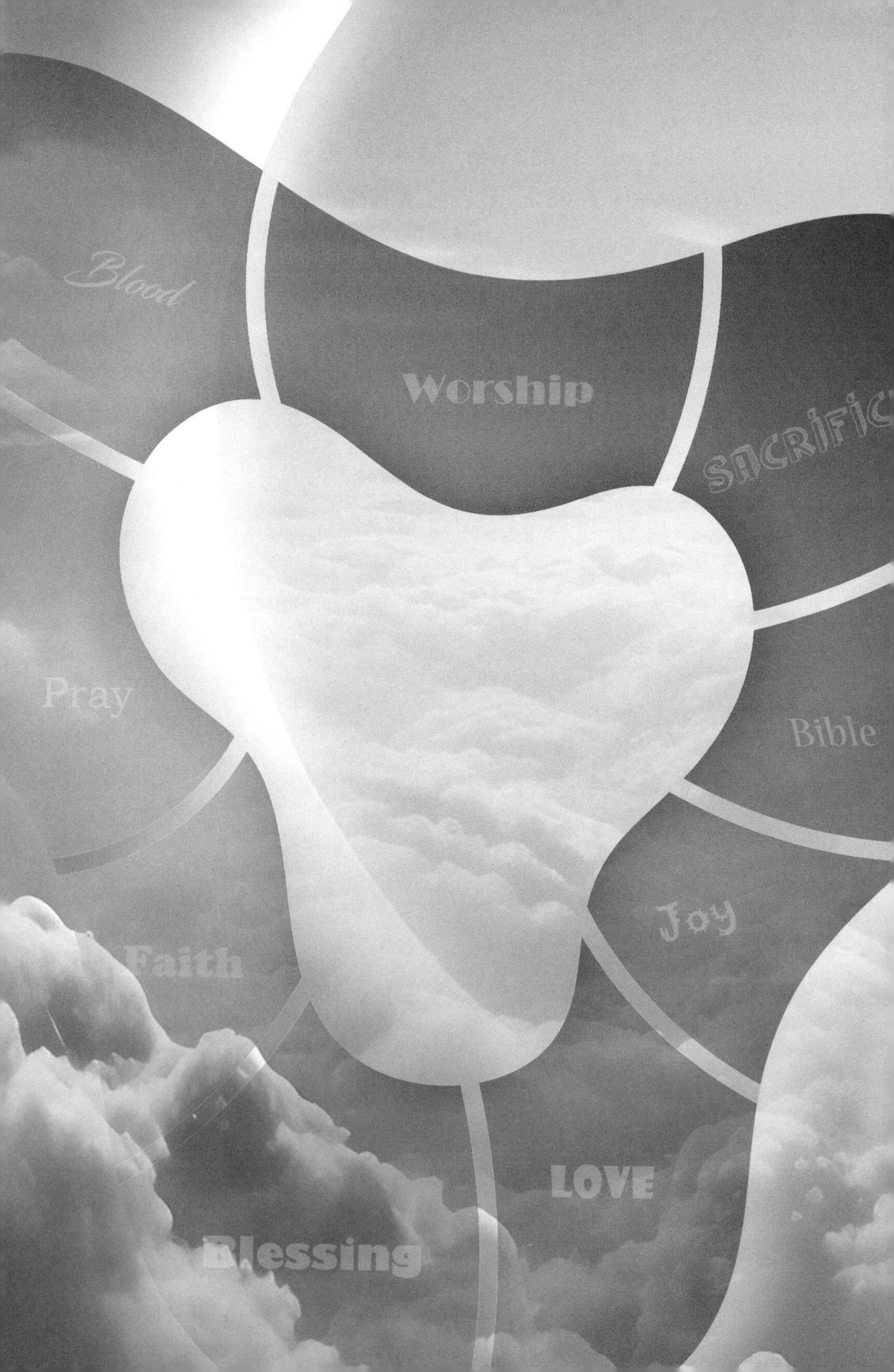
Blood
Worship
SACRIFIC
Pray
Bible
Joy
Faith
LOVE
Blessing

Chapter 5

하나님 말씀의 화폐

하나님

말씀의

화폐

하나님의 말씀이 천국에서 왜 강력한 화폐인지는 어렵지 않게 알 수 있다. 나는 어떤 화폐를 다른 화폐보다 중요하다고 여기지 않는다, 왜냐하면 모든 화폐가 하나님과 당신에게 가치가 있기 때문이다. 각각의 화폐는 그 목적을 달성하는 방식으로 사용되지만, 예수님의 보혈은 모든 화폐가 그 가치와 권위를 가질 수 있도록 문을 열어 준다.

이 책을 읽으면서 내가 화폐라고 부르는 귀중한 도구들을 각각 어떻게 활용할 수 있는지 꼭 배우기를 바란다. 당신이 직면한 모든 문제와 위기에는 궁극적으로 다스릴 땅을 차지하기 위한 전투에서 승리하기 위한 전략으로 각기 다른 화폐들이 필요하다. 성령님께서 하나님 나라 안에서 승리할 수 있도록 하늘에 있는 무기들을 통해 당신을 인도하실 것이다.

시편 103편 20절은 "능력이 있어 여호와의 말씀을 행하며 그의 말씀의 소리를 듣는 여호와의 천사들이여 여호와를 송축하라!"고 말한다. 하나님의 말씀은 매우 중요하기 때문에 천사들도 그분의 말씀을 따른다. 천사들이 하늘에서 땅으로 어떻게 파견되는지를 이해하는 것이 전쟁의 승패를 좌우한다. 시편 104편 4절은 "바람을 자기 사신으로 삼으시고 불꽃으로 자기 사역자를 삼으시며"라고 말한다. 그리고 히브리서 1장 14절에는 다음과 같은 구절이 나온다.

> 모든 천사들은 섬기는 영으로서 구원 받을 상속자들을 위하여 섬기라고 보내심이 아니냐

다른 피조물들보다 그리스도를 믿는 우리가 가진 가장 큰 장점은 그분과 공동 상속자로서 그분이 우리를 위해 대가를 지불하고 구입하신 우리의 유산이다. 구원의 상속자로서 우리는 그분을 위해 우리를 섬기는 천사들이 있다. 히브리서 2장 5-8절은 다음과 같이 말한다.

> 하나님이 우리가 말하는 바 장차 올 세상을 천사들에게 복종하게 하심이 아니니라 그러나 누구인가가 어디에서 증언하여 이르되 사람이 무엇이기에 주께서 그를 생각하시며 인자가 무엇이기에 주께서 그를 돌보시나이까 그를 잠시 동안 천사보다 못하게 하시며 영광과 존귀로 관을 씌우시며 만물을 그 발 아래에 복종하게 하셨느니라 하였으니 만물로 그에게 복종하게 하셨은즉 복종하지 않은 것이 하나도 없어야 하겠으나 지금 우리가 만물이 아직 그에게 복종하고 있는 것을 보지 못하고

히브리서 기자는 인류를 우리라고 말한다. 예수님은 이 땅에서 그분의 손으로 행하신 일을 우리 아래에 두셨다. 그분은 우리를 도울 천사들의 초자연적인 도움 없이 홀로 이 땅에서 통치하라는 어려운 임무를 우리에게 주지 않으신다. 하나님은 우리가 하늘에서와 같이 땅에서도 그분의 뜻을 이룰 수 있도록 그분의 천사들을 보내셔서 우리를 돕게 하신다. 예수님은 사람으로 이 땅에 오셔서 원수를 이기고 세상의 모든 것을 그분의 발아래 두심으로 우리에게 우리의 발아래 두고 통치할 수 있는 권세를 주셨다.

로마서 5장 17절은 "한 사람의 범죄로 말미암아 사망이 그 한 사람을 통하여 왕 노릇 하였은즉 더욱 은혜와 의의 선물을 넘치게 받는 자들은 한 분 예수 그리스도를 통하여 생명 안에서 왕 노릇 하리로다"라고 말한다. 천사들은 그분 말씀의 소리에 반응한다. 그분의 말씀에 소리가 있음에 주목할 필요가 있다. 하나님의 말씀에는 소리가 있으며, 우리가 믿음과 집중된 마음으로 기도하거나 그분의 말씀을 선포할 때, 우리는 그분의 말씀에 소리를 입히는 것이다. 천사들은 우리의 변덕에는 반응하지 않지만, 그분 말씀의 소리는 천군 천사로 하여금 하나님 말씀의 통치와 구조 안에서 행하도록 만든다.

히브리서 4장 12절은 우리에게 이렇게 말한다.

하나님의 말씀은 살아 있고 활력이 있어 좌우에 날선 어떤 검보다도 예리하여 혼과 영과 및 관절과 골수를 찔러 쪼개기까지 하며 또 마음의 생각과 뜻을 판단하나니 천국 화폐의 축복은 살아 있고 운동력이 있다. 이는 그저 용어나 단어가 아니며 영적 존재만큼이나 살아 있다.

천국의 동의

하늘에서 증언하는 이가 셋이니 아버지와 말씀과 성령이라. 이 셋은 합하여 하나이니라. 또한 땅에서 증언하는 이가 셋이니 성령과 물과 피라 또한 이 셋은 합하여 하나이니라 (요일 5:7-8 NKJV)

요한이 본 아버지, 아들, 성령의 동의하심에 관한 계시는 놀랍다. 동의한다는 것은 같은 방식이나 목소리로 말하거나 행동한다는 뜻이다. 천국을 대표하는 분은 아버지, 말씀, 성령이다. 여기서 말씀은 살아 계신 말씀이신 하나님의 아들 예수님을 나타낸다는 것을 알 수 있다. 우리가 예수님의 이름으로 기도할 때, 우리는 하늘이 우리를 위해 역사해 달라고 하늘 동의를 요청하는 것이다. 하늘에만 대표하는 분들이 있는 것이 아니라 이 땅에도 음성과 행동으로 동의하는 세 요소가 있다. 바로 우리의 구원과 구속을 증언하는 성령님과 물과 피다.

우리가 하나님의 말씀(성경)을 단순한 역사적 문서로 간주하는 것을 넘어 그 말씀이 기록된 것과 동일한 성령으로 선포할 때 기적이 일어난다.

베드로후서 1장 20-21절에는 이같이 기록되어 있다.

먼저 알 것은 성경의 모든 예언은 사사로이 풀 것이 아니니 예언은 언제든
지 사람의 뜻으로 낸 것이 아니요 오직 성령의 감동하심을 받은 사람들이
하나님께 받아 말한 것임이라

오늘날에도 우리가 성령의 영감이나 하나님의 숨결에 의해 말하
게 될 때, 하나님 말씀의 능력은 연결된다. 펜의 점과 획을 사용하여
그 문자만 정확하게 성경을 기록하는 것이 더 중요하다고 생각하는
사람과 성령의 영감을 받은 삶으로 말씀을 선포하는 사람 사이에는
큰 차이가 있다. 성령이 없는 말씀은 그저 단어들에 불과하지만, 성령
께서 말씀을 일깨우시면, 그 말씀은 살아서 목표를 향해 나아간다.
말씀을 주문처럼 반복해서 말한다고 성취되는 것이 아니라, 창조 때
그 말씀의 완성과 성취를 목도하기 위해 그곳에 실재하셨던 동일한
성령님을 통해 성취되는 것이다.
　성령님의 동의 없이는 말씀의 능력이 나타나는 것을 볼 수 없다.
성령님께 당신이 선포하는 말씀의 깊이와 생명을 드러내 달라고 구하
라. 그러면 그분께서 그 말씀에 기름을 부으셔서 단순히 읽는 단어들
이 아닌 선포하는 레마의 말씀이 되게 하실 것이다.

이는 비와 눈이 하늘로부터 내려서 그리로 되돌아가지 아니하고 땅을 적
셔서 소출이 나게 하며 싹이 나게 하여 파종하는 자에게는 종자를 주며

먹는 자에게는 양식을 줌과 같이 내 입에서 나가는 말도 이와 같이 헛되이
내게로 되돌아오지 아니하고 나의 기뻐하는 뜻을 이루며 내가 보낸 일에
형통함이니라 (사 55:10-11)

말씀은 성령의 영감을 받아 살아 움직이며 하나님께서 의도하신 결과를 가져온다. 몇몇 사람이 실망하는 이유는 말씀을 반복은 했지만 성령님이 그 말씀과 동행하시도록 초대하지 않았을 때 성취가 이루어지지 않기 때문이다.

성령이 없는 말씀은 정적이고 움직임이 없다. 창조 당시에도 그랬던 것처럼 오늘날에도 아버지 하나님께서 뜻하시고, 말씀이고 아들이신 예수님께서 말씀하셨으며, 성령님께서 그 말씀대로 운행하셔서 성취되는 것이다.

에베소서 5장 25-26절에는 다음과 같이 기록되어 있다.

남편들아 아내 사랑하기를 그리스도께서 교회를 사랑하시고 그 교회를
위하여 자신을 주심 같이 하라 이는 곧 물로 씻어 말씀으로 깨끗하게 하
사 거룩하게 하시고

성경에서 물은 여러 상징적인 의미가 있다. 그중 두 가지가 이 구절에 나와 있다. 이 구절은 문맥상 그리스도와 그분의 신부인 교회를 묘사하고 있다. 여기서 물은 신부가 결혼식을 준비하기 위해 몸을 정결하게 하는 역할로 묘사된다. 또한 물은 성별에 사용되며, 이는 특정

한 용도로만 사용하기 위해 구별하는 것을 의미한다. 두 경우 모두 물은 우리를 세상과 구별하여 영원한 목적에 민감해지도록 준비시키는 하나님의 말씀을 묘사하는 데 사용된다. 성별된다는 것은 신부가 특별한 날을 위해 준비하는 데 방해가 되지 않도록 그녀를 구별하고 경계를 설정하는 것을 말한다. 우리 삶의 얼마나 많은 영역이 하나님 말씀의 영향을 받는지를 보면 정말 놀랍다.

하나님의 말씀 안에서 살고 듣는 것 자체가 우리를 정결하게 하며, 하나님의 말씀은 우리 입술의 무기로 사용되어 하나님의 뜻과 목적을 향해 우리를 인도하고, 하나님의 보좌에 나아갈 수 있게 한다. 하나님의 말씀은 우리를 더 높은 단계의 봉사를 할 수 있도록 준비시킨다. 예를 들어 시편 105편 19절은 "곧 여호와의 말씀이 응할 때까지라 그의 말씀이 그를 단련하였도다"라고 말한다. 이 구절은 요셉과 그의 미래에 관해 그가 꾼 꿈을 언급하고 있다. 그가 형들에게 꿈을 나누자마자 그 말씀은 성취되기 위한 촉매로 작동하기 시작했다. 말씀의 단계가 높을수록 그것의 성취를 위해 우리를 단련하고 준비시키는 말씀의 역사의 범위와 한계도 더 커진다. 요셉은 자기 백성보다 앞서 이집트로 가야 할 운명이었다.

요셉이 그 꿈을 꾸었을 때, 그는 열일곱 살이었으며, 13년 동안 말씀은 세 번의 다른 시간과 장소에서 그를 단련하였다. 요셉의 형들도 보디발도 아닌 말씀이 그를 단련했다는 사실에 주목하라. 말씀은 살아 있으며, 우리가 사명을 포기하거나 중단하지 않는 이상 언제나 운명을 향해 나아가게 한다. 요셉이 서른 살이 되었을 때 바로의 궁에서 섬기기 시작했다. 그리고 그의 가족이 이집트에 들어오기 전까지, 7년의 풍년이라는 기간이 더 흘러야 했다. 말씀은 요셉의 기초가 되었고, 그 말씀이 열려야 할 문들은 열어 주고 닫혀야 할 문들은 닫아주는 동안 그는 말씀을 붙들었다. 그로 인해 그의 운명의 궁극적 성취, 즉 가족을 보존하고 하나님께서 아브라함과 맺으신 언약이 성취되는 일이 이루어지도록 요셉을 계속 이끌었다. 하나님은 말씀으로 우리를 준비시키기 위해 많은 노력을 기울이시며 거기에는 지름길은 없다. 그래서 요셉은 기근으로 인해 생명 수호자의 역할을 맡을 때가 되었을 때 준비가 되어 있었고, 긍휼과 하나님을 경외하는 마음이 성장해 있었다.

그해 여름의 깜짝 선물

고등학교 3학년이 되기 전 열일곱 살의 여름이었다. 나는 설렘으로 가득 차 있었고, 학교 스포츠 팀에서 운동할 기대와 고등학교를 졸업하면 무엇을 할 것인지에 대한 상상으로 가득했다. 내 가족 중에는 대학에 다닌 사람이 없었기 때문에 남들처럼 취직하는 것 외에 가족들이 거는 기대는 거의 없었다. 그해 여름 방학 때 아르바이트를 하고 있었는데 사장님께 일주일 정도 휴가를 내서 청소년 캠프에 가도 되는지 물어봤다. 울타리를 세우는 작업이 일 년 중 가장 바쁜 시기였기 때문에 사장님의 대답은 단호하게 "안 된다"는 것이었다. 캠프에 가야 한다는 강한 이끌림이 있었던 나는 매우 실망했다. 나는 사장님께 그동안 감사했다고 인사하면서 캠프에 가겠다고 했다. 사장님은 "돌아왔을 때도 네 자리가 계속 있을 거라고 생각하지 마라"고 했다. 그리고 그 청소년 캠프는 내 인생의 전환점이 되었다.

캠프 마지막 날 밤이었다. 친구들은 대부분 예언의 말씀을 받았지만 나는 아무것도 받지 못했다. 나는 분홍색 셔츠를 입고 맨 뒤에 앉아 앞에 앉은 여자아이의 긴 머리카락을 잡아당기고 있었다. 딱히 설교에 몰입했다고 말할 수는 없다. 강사는 그레이스 솔리스(Grace Solis)라는 매우 근엄한 여성이었다. 사실 나는 그녀가 조금 무서웠다. 그녀는 예언할 때, 마치 소총으로 조준하듯 한쪽 눈을 감고 가리켰다. 이 글을 쓰는 지금도 그때 그 눈빛이 생생하다.

그녀가 "뒤에 분홍색 셔츠 입은 젊은이!"라고 말했다. 나는 야외 강당에 나 말고 분홍색 셔츠를 입은 사람이 몇 명이나 더 있는지 둘러보았다. 다른 사람은 보이지 않았다. 그녀는 내 쪽을 가리키며 "일어나세요"라고 말했다. 친구가 일어나라고 찔러대는 바람에 나는 용기를 내어 일어섰다. 앞자리 여학생의 머리카락을 잡아당겼다는 이유로 꾸중을 듣기 위해 교장실로 불려 가는 기분이었다.

그녀는 옆으로 돌아서서 한쪽 눈으로 나를 조준하고 긴 검지로 가리켰다. 나는 마치 가슴에 거대한 과녁이 있는 것처럼 느껴졌다. 나는 항상 말하는 사람의 눈을 바라보라고 배웠다. 그래서 나는 용기를 쥐어짜 고개를 들어 그녀가 다른 사람을 겨냥하고 있기를 바라며 그녀를 바라보았다. 내가 고개를 들었을 때, 그녀가 한쪽 눈을 뜨고 바로 내 가슴을 조준하고 있음을 보았다. 그녀의 목소리가 강당을 울렸다. "젊은이, 열방에 복음을 전하기 위해 하나님의 손이 당신에게 임했고, 당신의 발이 여러 장소에 서서 사람에 대한 두려움이나 사람의 호의 없이 복음을 전하게 될 것입니다. 하나님께서는 당신에게 돈을 벌수 있는 특별한 능력을 주셨지만, 그 모든 것을 내려놓고 그분을 따를 때가 올 것입니다. 당신은 그리스도 몸의 문제 해결사가 될 것입니다."

나는 옆에 앉은 친구에게 "문제 해결사(troubleshooter)가 뭐야?"라고 물었다.

친구는 "아마도 심각한 문제를 일으켜서 총에 맞는 사람을 말하는 것 같아"라고 대답했다.

나는 '맙소사, 그런 예언은 듣고 싶지 않은데'라고 생각했다. 그러나 나는 무언가가 나에게 큰 영향을 끼쳤다는 것은 알았다. 다만 그것이 무엇인지는 몰랐다. 다행히 누군가 날 위해 그 말씀을 녹음해서 필사해 주었다. 나는 아직도 그 예언을 간직하고 있다. 종이는 누렇게 변했지만 매주, 어떤 때는 매일 읽어서 그 예언은 아직도 내 기억 속에 새겨져 있다.

집으로 돌아온 나는 그 말씀을 따르기로 결심했다. 친구들에게 나는 설교자로 부름을 받았다고 말했지만, 대부분의 친구는 무슨 뜻인지 몰라 고개를 갸우뚱했다. 그 말씀은 내가 상상조차 할 수 없었던 방식으로 내 삶을 이끄는 촉매가 되었다. 평생을 알고 지내던 친구들은 사라졌고 주님을 향한 비슷한 열정을 가진 새로운 친구들을 만났다. 그리고 문제 해결사라는 단어에 대해서도 더 명확히 알게 되었다.

수년이 흐르면서 요셉처럼 그날 내가 받은 말씀이 나에게 딱 맞는 이상한 상황들로 이끌었다는 것을 깨닫게 되었다. 내가 겪어야 했던 혼란들은 성령님의 더 깊은 차원으로 들어가 내가 마땅히 행해야 할 바에 대한 지혜를 구하도록 몰아붙였다. 그 특별한 저녁에 받은 말씀이 내가 어떤 때는 영원한 친구일 줄 알았던 사람들에게 배신과 거절을 경험하는 시간을 지나도록 이끌었다.

오늘날 나는 여러 교회를 감독하는 일을 돕고 있으며, 여러 목회자와 그들의 리더십 팀들의 삶의 문제들에 중재자로 개입해 달라는 요청을 자주 받는다. 분명 그 말씀은 계속 역사하고 있었고, 당신의 예상대로 어느새 나는 '문제 해결사'가 되어 있었다. 모두가 원하는 역할은 아니지만, 내 스스로 많은 고통과 수많은 실수를 겪으면서 비슷한 어려움을 겪고 있는 사람들을 향한 긍휼과 그들이 함정을 피할 수 있도록 돕는 방법들을 배웠다. 말씀은 분명 우리를 시험으로 이끌지만 낙제가 목적은 아니다. 우리를 졸업시키는 것이 목적이다. 졸업할 때마다 우리에게 새로운 수준의 권위가 주어지고, 우리에게 선물로 주어진 영적 무기를 사용하는 방법을 더 잘 이해하게 된다.

우리가 매일 음식과 옷을 살 때 사용하는 화폐는 은행이 인정하고 정부가 가치를 보장한다. 이와 동일하게 하나님의 말씀도 하늘의 정부가 보장하며 그분의 말씀에 대한 가치와 응답을 보장한다. 하나님의 말씀을 말한다는 것은 성경을 정확하게 인용하는 것 이상의 의미이며, 당신 안의 영이 말씀을 증언하는 것이다.

나는 개인적인 성장을 위해 성경을 읽을 때와 성령님께서 특정 구절을 강조하실 때의 차이를 느낄 수 있으며, 그때는 그저 내가 입으로 읽을 때와는 다른 가치의 강렬함이 내 입에서 흘러나온다.

> 우리가 그리스도로 말미암아 하나님을 향하여 이 같은 확신이 있으니 우리가 무슨 일이든지 우리에게서 난 것 같이 스스로 만족할 것이 아니니 우리의 만족은 오직 하나님으로부터 나느니라 그가 또한 우리를 새 언약의 일꾼 되기에 만족하게 하셨으니 율법 조문으로 하지 아니하고 오직 영으로 함이니 율법 조문은 죽이는 것이요 영은 살리는 것이니라 (고후 3:4-6)

구약 성경은 율법의 문서이며, 신약 성경은 성령이 담긴 말씀이다. 내가 말하는 말씀은 성령의 인도하심과 생명력을 받아 사물을 변화시키는 말씀이다. 성령님에 의해 살아나지 않은 성경 구절들로 가득 찬 설교는 지식만 가득할 뿐 생명이 없다. 지식은 하늘이 반응하게 하지 못한다. 하늘이 반응하는 것은 선포된 하나님의 말씀이며, 그 말씀은 보내심을 받은 목적을 이루기 전까지는 하늘로 되돌아가지 않는다.

하나님께서 보내신 말씀

시편 107편 20절은 "그가 그의 말씀을 보내어 그들을 고치시고 위험한 지경에서 건지시는도다"라고 말한다. 하나님의 말씀은 살아 있고, 보내심을 받은 곳과 대상까지 먼 거리를 이동하여 치유를 위한 착륙 지점에 도착한다. 마치 마태복음 8장 8절에 나오는 로마 병사의 경우처럼 말이다.

"백부장이 대답하여 이르되 주여 내 집에 들어오심을 나는 감당하지 못하겠사오니 다만 말씀으로만 하옵소서 그러면 내 하인이 낫겠사옵나이다."

예수님께서는 백 명의 병사를 지휘하며 권위를 이해하는 로마 장교에게 깊은 인상을 받으셨다. 예수님이 병든 종을 위해 그의 집에 가겠다고 하자 장교는 "말씀만 하시면 내 종이 나을 것입니다"라고 말했다.

이 구절에서 눈에 띄는 두 가지가 있다. 백부장은 예수님 권위의 능력을 이해했을 뿐만 아니라, 아무 망설임 없이 종의 병이 낫게 될 것이라는 결과를 선포한 것이다. 권위를 가지고 한 말에는 결과에 대한 확신도 있어야 한다. 이제 보내진 말씀이 무엇인지에 대한 질문에 답을 해야 할 차례다. 예수님께서 백부장의 하인을 고치실 때 하신 말씀은 신약 성경에 나오는 내용이다.

요한복음 1장 1-3절은 이같이 말한다.

> 태초에 말씀이 계시니라 이 말씀이 하나님과 함께 계셨으니 이 말씀은 곧 하나님이시니라 그가 태초에 하나님과 함께 계셨고 만물이 그로 말미암아 지은 바 되었으니 지은 것이 하나도 그가 없이는 된 것이 없느니라.

요한이 말씀이신 예수님을 어떻게 선포하는지 주의 깊게 살펴보

라. 모든 영어 성경에서 요한복음 1장 1-3절에 나오는 말씀이라는 단어를 예수 그리스도의 인격을 지칭하기 위해 대문자로 표기한다. 그러므로 이 구절이 우리에게 주는 계시는, 말씀이신 예수님께서 천지창조 시점에 하나님과 함께 계셨다는 것이며, 따라서 "우리의 형상대로 사람을 만들자"(창 1:26 NKJV)라는 천지창조에 관한 구절에서 우리는 아버지, 말씀이신 아들, 성령님을 의미한다는 것을 알 수 있다. 살아 계신 말씀께서 천지창조 당시 그곳에 계셨기 때문에, 오늘날 우리는 창조 당시의 그분과 동일한 말씀께서 이제 거듭난 모든 믿는 자 안에 살아 있음을 알 수 있다. 요한일서 4장 4절은 말씀이신 그분이 세상에 있는 작은 자인 마귀보다 더 크시며 그것을 우리 안에 계신 성령님께서 확증하신다고 말하고 있다.

창조에 계셨던 분께서 말씀을 발하셨고, 창조는 세상을 혼돈에서 분리했다. 한번 생각해 보라. 하늘에서 땅으로 보내심을 받으신 분이 바로 우리 안에 거하시는 보내심을 받으신 그분이며, 하나님께서 천지창조 때, 그리고 백부장의 하인을 치유하실 때와 동일한 믿음으로 그분의 말씀을 다시 세상에 선포하여 보내라고 우리를 사용하시는 것이다. 천국은 보내심을 받으신 말씀에 반응하며, 바로 이러한 방식으로 우리는 보내심을 받은 말씀의 천국 화폐를 사용하는 법을 배우는 것이다.

> 만물이 그로 말미암아 지은 바 되었으니 지은 것이 하나도 그가 없이는 된
> 것이 없느니라 (요 1:3)

요한복음 1장 3절에서 배울 점이 아주 많다. 창조된 모든 것은 그분, 즉 말씀 없이는 창조되지 않았다는 의미다. 창조된 모든 것에는 말씀이 관련되셨다. 따라서 오늘날에도 창조적 기적이 필요하다면 반드시 말씀이 개입하셔야 한다. 요한복음 1장 14절은 "말씀이 육신이 되어 우리 가운데 거하시매 우리가 그의 영광을 보니 아버지의 독생자의 영광이요 은혜와 진리가 충만하더라"고 말한다. 말씀이신 예수님께서 사람의 모습으로 오셔서 살과 피로 되어 있는 우리 또한 하나님의 창조적인 말씀 안에 살면서 하나님께서 우리의 삶을 향해 정하신 운명을 성취할 수 있음을 보여 주셨다.

우리의 본성은 수동적으로 반응(react)하는 것이 아니라 능동적으로 행동(act)하도록 재훈련되어야 한다. 우리가 반응하는 이유는 항상 좋지는 않았던 과거의 경험 때문이다. 우리는 좋지 않았던 기억들을 부정적인 기억 저장소에서 저장해 놨다가 누군가가 우리에게 어떤 말이나 행동을 하면 그 기억을 다시 꺼내어 반응한다. 하지만 하나님의 말씀이 우리 삶에 지배적일 때, 우리는 백미러를 통해 과거를 돌아보고 반응하는 대신, 보내심 받은 말씀의 긍정성에 근거하여 행동하게 된다. 보내심 받은 말씀은 창조적이지만, 반응하여 뱉는 말은 파괴적이다. 예수님은 요한복음 6장 63절에서 "살리는 것은 영이니 육은 무익하니라 내가 너희에게 이른 말은 영이요 생명이라"고 말씀하셨다. 말씀은 단순한 인간의 언어가 아니며 성령님과 생명의 본질을 담고 있다.

우리가 쓰인 문자(graphic)와 선포된 하나님의 말씀인 로고스(logos)

를 구별할 수 있다면 우리는 우리의 영으로부터 레마(rhema), 즉 하나님이 지금 하시는 말씀을 말하고 내보내는 것이 가능할 것이다. 전자는 우리가 성경을 읽을 때 그저 귀로 듣기만 하는 수준이지만, 성령께서 우리의 영에 불을 붙이시면 우리가 말하는 것은 말씀이 되어 지금 하시는 하나님의 말씀, 즉 레마 말씀이 된다. 우리는 어둠의 나라에서 예수님의 나라로 옮겨졌기 때문에 아담의 타락한 본성이 아닌 신성한 본성을 지닐 수 있다. 우리는 신성한 본성을 실천하고 그분이 보내신 본성에 따라 행동하는 법을 배울 수 있기 때문에, 우리의 육신이 하나님이 주신 유업을 주관할 기회를 주지 말아야 한다.

켄터키에서 사역하던 날, 나는 주님으로부터 암 진단을 받은 사람들을 위해 기도해 주라는 감동을 받았다. 나이 지긋한 두 남성이 앞으로 나왔다. 나는 두 분을 위해 기도했지만 그중 한 분이 나의 믿음을 끌어당기고 있음을 느꼈다. 그분을 위해 기도할 때, 다른 분과는 조금 다르게 기도한 것을 느꼈다. 나는 이것이 내 임의대로 한 것이 아니라 성령님의 인도하심이라고 믿는다. 나는 암을 언급하는 대신, 치유자이신 예수님과 치유에 관한 그분의 약속, 치유가 하나님 자녀들의 양식이라는 그분의 약속을 선포하였다.

나는 월요일에 비행기를 타고 집으로 돌아갔고 며칠 후 그 교회 목사님의 연락을 받았다. 앞서 얘기한 그 남성이 정기 검진을 위해 암 전문의를 만나러 갔다고 알려 주었다. 이전 검사 때는 예후가 좋지 않았다고 했다. 그러나 이번 방문 때는 스캐너가 작동하지 않는 것 같다고 혼란스러워하며 다음 날 다시 오라고 하였다. 의사는 결국 암의 징후를 전혀 찾을 수 없다는 사실을 인정해야만 했다.

나는 이 간증에서 치유자이신 예수님이 암보다 더 높임을 받으실 때 어떤 일이 일어나는지를 배우게 되었다. 말씀이 해결책이 되시는 분이라는 것 대신 문제에 초점을 맞추면 치유하시기 위해 말씀이 살아 있다는 사실을 놓치기 쉽다. 시편 34편 1-3절은 우리가 항상 어디에 초점을 맞춰야 하는지를 알려 준다.

> 내가 여호와를 항상 송축함이여 내 입술로 항상 주를 찬양하리이다 내 영혼이 여호와를 자랑하리니 곤고한 자들이 이를 듣고 기뻐하리로다 나와 함께 여호와를 광대하시다 하며 함께 그의 이름을 높이세

기적의 영역에서 살 수 있도록 우리의 뇌를 훈련하는 비결은 우리가 직면한 상황보다 주님을 항상 더 크게 여기는 것이다. 무엇이든 우리가 크게 여기는 것에 우리는 힘을 부여하게 된다. 우리의 불평이 커진다면 우리는 원수가 우리의 약점을 이용하도록 힘을 실어주는 것이다.

> 나의 반석이시요 나의 구속자이신 여호와여 내 입의 말과 마음의 묵상이 주님 앞에 열납되기를 원하나이다 (시 19:14)

요한복음 15장 7-8절은 "너희가 내 안에 거하고 내 말이 너희 안에 거하면 무엇이든지 원하는 대로 구하라 그리하면 이루리라 너희가

열매를 많이 맺으면 내 아버지께서 영광을 받으실 것이요 너희는 내 제자가 되리라"고 말한다.

여기서 거한다는 뜻의 헬라어 단어 메노(meno)는 '현재 있는 곳에 머무른다'는 의미로, 텐트를 치거나 집을 짓고 그 땅에 머무는 사람을 묘사할 때 사용된다. 이 말은 일시적인 손님이 아니라 지속적으로 머무른다는 의미다. 그 땅에 들락날락하는 사람들은 텐트를 계속 옮겨야 하므로 말씀 안에 거하며 살기 어렵다.

당신이 직면한 상황은 말씀의 효력을 바꾸지 못한다. 예수님께서는 우리가 하나님의 보내심 받은 말씀의 거처 안에 거하면 우리가 원하는 것을 구할 수 있으며, 그것은 이루어질 것이라고 선포하신다. 우리가 보내심 받은 말씀의 영역 안에 굳건하게 머무르면 우리의 갈망도 그분의 말씀에 맞게 바뀌게 될 것이다.

가장 유능한 변호사

하늘과 땅을 연결하는 신성한 연결 고리는 하나님의 아들 예수님이며 그분은 하나님의 말씀이시다. 예수님의 피가 하나님과 사람 사이의 간격을 이어줄 뿐만 아니라 하나님의 말씀 또한 우리를 하늘에 있는 하나님의 정부와 연결해 준다. 우리는 천사들은 하나님의 말씀에 의해 그 말씀에만 반응한다는 것과 마귀 또한 말씀을 잘 아는 율법주의자임을 알고 있다. 에덴동산에서 그랬던 것처럼 자신의 계략을 이루기 위해 리워야단처럼 말씀을 왜곡할 것이다.

하나님의 말씀 외의 첫 번째 생각과 말은 마귀인 뱀에게서 나왔다는 것을 기억하라. 원수라고도 불리는 뱀은 하와에게 "하나님이 참으로 너희가 그 열매를 먹으면 죽을 것이라고 하시더냐?"라고 말했다(창 3:1 참조). 요한계시록 12장 10절에서는 사탄을 하나님의 백성을 참소하는 자라고 부른다. 마귀는 사람들을 속이고 왜곡된 말씀의 율법주의의 함정에 빠뜨릴 만큼 말씀을 잘 알고 있다. 마치 당신이 재판받을 때, 법정에 당신을 변호하는 변호사가 있어서 법에 대해 조언해 주는 것처럼 말이다. 천사들이 하나님의 말씀에 제약을 받는 것처럼 판사 또한 법의 제한을 받는다. 요한복음 16장 13절에 의하면 우리의 대변인이신 성령님께서 우리를 모든 진리로 인도해 주실 것이다.

마귀는 예수님을 함정에 빠뜨리기 위해 동일한 전술로 말씀을 사용하여 예수님을 시험하려 했다. 마태복음 4장 3-10절에서 마귀는 세 번이나 말씀을 문맥과 목적에 맞지 않게 인용해서 예수님이 하나님의 말씀을 잘못 사용하시도록 유혹했다. 그때마다 예수님은 "기록되었으되"라고 대답하셨다. 하나님의 말씀으로 잘못 적용된 말씀의 목적을 파쇄하신 것이다. 요한복음 8장 32절은 "진리를 알지니 진리가 너희를 자유롭게 하리라"고 말한다. 진리를 아는 것과 그저 진리에 대해 들어만 본 것에는 큰 차이가 있다. 진리를 알면 천국의 화폐를 소지한 천국 시민의 권리를 알게 된다.

많은 사람이 이 구절을 "진리가 너희를 자유롭게 하리라"가 아닌 "진리를 알면 너희가 자유롭게 되리라"로 잘못 인용한다. 이 구절은

"진리가 너희를 자유롭게 하리라"로 번역하는 것이 정확하다. 둘의 차이점은 "자유롭게 되리라"는 진리를 아는 것을 통해 자유롭게 된다는 생각에서 비롯된 것이다. 하지만 진리는 정보나 지식 그 이상이다. 진리는 성령님의 인격이다. 우리가 말씀과 말씀의 능력을 알 때 우리는 자유를 누리며 살아가게 된다. 말씀을 통해 하나님의 통치 아래 있게 함으로 다른 이들도 자유를 얻도록 도와줄 수 있게 된다. 진리를 듣기만 할 때 자유롭게 되는 것이 아니라, 진리를 적용할 때 자유롭게 되는 것이다.

예를 들어 시편 119편 11절은 우리에게 "내가 주께 범죄하지 아니하려 하여 주의 말씀을 내 마음에 두었나이다"라고 말한다. 말씀을 알면 하나님의 뜻을 알게 되어 정확한 목표를 가지고 기도할 수 있게 된다. 말씀에 순종할 때 혼돈은 사라진다.

이전 장에서 히브리어는 그림 문자나 상형 문자와 같고 이를 활용해 기쁨이라는 단어를 번역하는 방법에 관해 설명했다. 순종이라는 단어도 이 방법으로 번역할 수 있다. 말씀이 활성화되기 위해서는 순종이라는 열쇠가 필요하다. 우리는 히브리어에서 순종이 얼마나 강력한 단어인지 이해해야 한다. 순종은 쉰(sheen, ש), 멤(mem, מ), 아인(ayin, ע) 세 글자로 이루어졌다. 쉰은 이빨의 형상으로 부수는 것을 의미한다. 멤은 요동치는 바다의 형상으로 혼란 혹은 혼돈을 의미한다. 세 번째 글자인 아인은 눈의 형상으로 보거나 이해하는 것을 의미한다. 이 셋를 합치면 순종은 혼란을 분쇄하여 이해할 수 있도록 한다는 뜻이 된다. 하나님의 말씀에 순종한다는 것은 당신이 이해할 수 있도록 혼란을 파쇄하는 것이다. 하나님의 말씀에 순종한다는 것은 혼돈을 파쇄하고 이해를 얻는 것이다.

말씀을 묵상하는 것은 마음을 새롭게 하고 정결하게 하는 데 매우 중요하다. 순종한다는 것은 말씀을 그저 생각만 하는 것에서 이제 말씀을 적용하는 것으로 나아가는 것으로, 모든 것이 움직이기 시작하며, 말씀이 활성화되는 것을 보게 되는 다음 단계로의 도약이다. 히브리서 1장 1-3절은 다음과 같이 말한다.

> 옛적에 선지자들을 통하여 여러 부분과 여러 모양으로 우리 조상들에게 말씀하신 하나님이 이 모든 날 마지막에는 아들을 통하여 우리에게 말씀하셨으니 이 아들을 만유의 상속자로 세우시고 또 그로 말미암아 모든 세계를 지으셨느니라 이는 하나님의 영광의 광채시요 그 본체의 형상이시라 그의 능력의 말씀으로 만물을 붙드시며 죄를 정결하게 하는 일을 하시고 높은 곳에 계신 지극히 크신 이의 우편에 앉으셨느니라

모든 창조는 창조 당시의 하나님의 말씀에 의해 구성되었다. 우리가 그분의 말씀에 순종할 때 그분의 능력 안에서 우리가 얼마나 더 하나님이 우리를 보내신 목적들을 성취할 수 있는 능력을 받게 되겠는가? 능력과 생명은 혀에 달려 있다. 우리가 하나님의 말씀을 목소리로 선포할 때, 우리는 우리에게 개인적으로 주어진 약속을 붙드는 것이다. 결혼과 가정은 우리가 하나님의 말씀을 말하느냐 그렇지 않으냐에 의해 유지되거나 깨어진다.

시편 119편 89절은 다음과 같이 강조한다. "여호와여 주의 말씀은 영원히 하늘에 굳게 섰사오며."

다음은 하늘에서 확정되고 땅에서 실제화되는 하나님 말씀의 네 가지 능력이다.

1. 드러내는 능력. 히브리서 4장 12절은 말씀이 마음의 생각과 의도를 분별하는 기능을 한다고 말한다.

2. 재생산하는 능력. 마태복음 13장 23절이다.
   "좋은 땅에 뿌려졌다는 것은 말씀을 듣고 깨닫는 자니 결실하여 어떤 것은 백 배, 어떤 것은 육십 배, 어떤 것은 삼십 배가 되느니라 하시더라."

3. 치유하는 능력. 시편 107편 20절은 "그가 그의 말씀을 보내어 그들을 고치시고"라고 말한다.

4. 원수를 결박하는 능력. 마태복음 16장 19절이다.
   "내가 천국 열쇠를 네게 주리니 네가 땅에서 무엇이든지 매면 하늘에서도 매일 것이요 네가 땅에서 무엇이든지 풀면 하늘에서도 풀리리라 하시고."

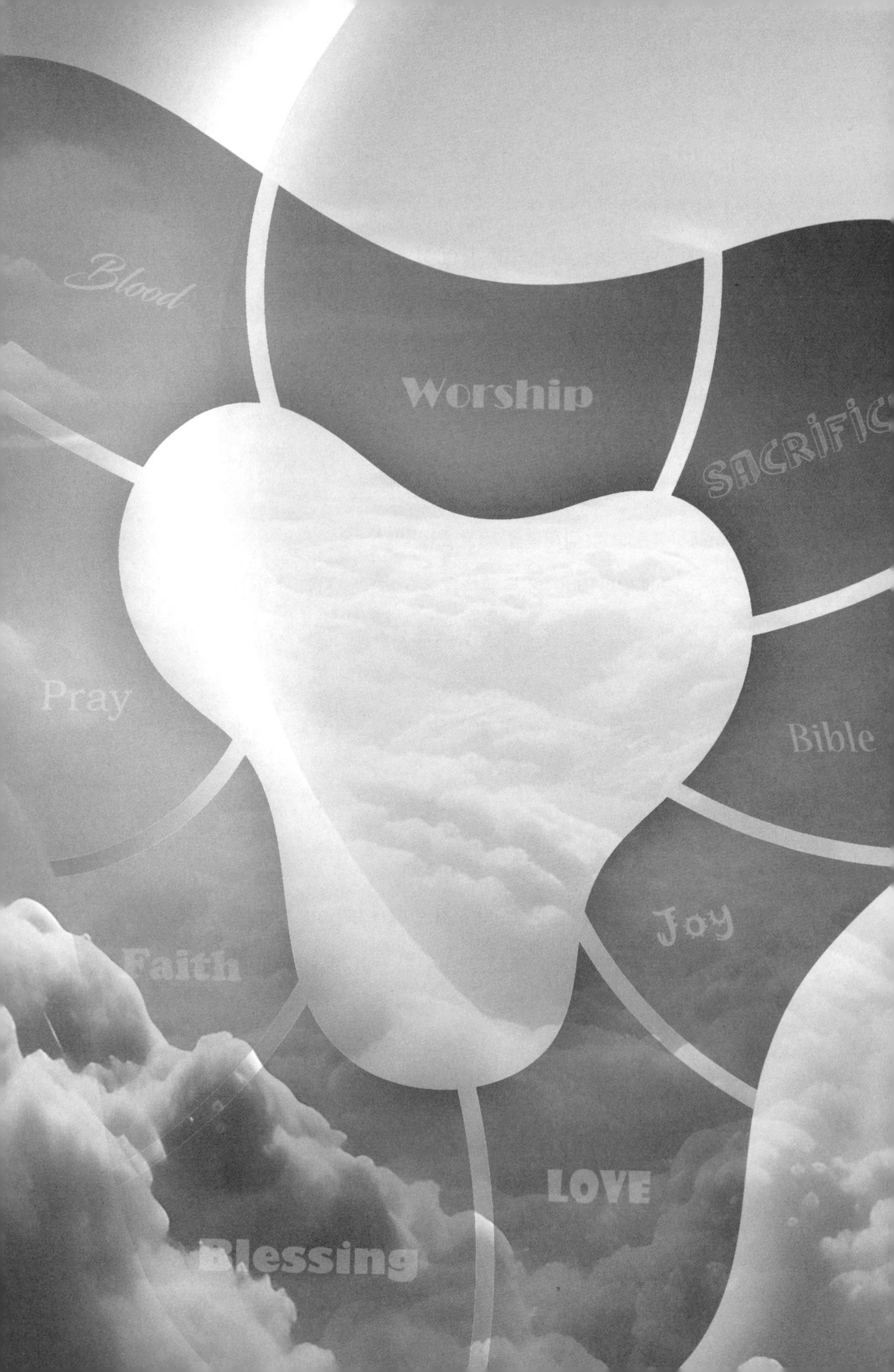

Blood
Worship
SACRIFIC
Pray
Bible
Joy
Faith
LOVE
Blessing

Chapter 6

예배의 화폐

예배는 천국에서 가장 간과되고 오해되는 것 중 하나다. 하나님의
보좌를 둘러싼 주변 환경에 대해 읽고 연구하다 보면 예배야말로 하
나님의 임재를 둘러싸고 있는 문화라는 것을 알게 된다. 대부분의 사
람에게 예배란 주일 아침에 설교 전 전주곡으로 찬송을 부르는 것을
의미한다. 또 어떤 사람들에게는 예배 인도 팀의 음악성과 그들이 그
날 선택한 노래들의 목록에 관한 것일 수 있다. 우리가 스크린에 나오
는 찬송가를 부르기만 한다면 우리는 아직 진짜 예배를 경험하지 못
한, 그저 노래하는 사람들일 뿐이다. 예배는 지구가 존재하고 인류가
창조되기 훨씬 전부터 존재했다. 예배는 사실 우리가 하나님의 성소
에 들어가기 위한 음악이나 코드 진행 등을 알고 사용하기 이전부터
존재했다. 성경에 묘사된 예배는 관찰하는 것이 아니라 우리의 전 존
재가 참여하는 것이다.

예배가 혼의 즐거움에서 영의 참여로 나아갈 때, 우리는 음악 듣는 것을 멈추고 하나님의 은밀한 장소로 나아가게 된다. 지극히 높으신 분의 은밀한 처소에서 우리는 그분에 의해 숨겨지고 감추어진다.

시편 91편 1-2절은 "지존자의 은밀한 곳에 거주하며 전능자의 그늘 아래에 사는 자여, 나는 여호와를 향하여 말하기를 그는 나의 피난처요 나의 요새요 내가 의뢰하는 하나님이라 하리니"라고 말한다.

우리가 은밀한 처소를 발견할 때, 주님이 어떤 분인지에 대한 계시를 그저 믿는 것에서 그분의 말씀을 선포하는 것으로 바뀌게 됨을 주목하라. 여기서 '그늘'은 '생각'이라는 단어로도 번역할 수 있다. 그 말은 누구든 행하는 예배에 참여할 때, 하나님의 은밀한 처소에 들어가게 되며, 그분의 생각을 듣게 되고, 그분을 대신하여 대언하게 된다고 말할 수 있다. 누가 주님의 생각을 알 수 있겠는가? 주님 영광의 그늘 (주님의 생각) 아래의 은밀한 처소에 들어간 자들은 알 수 있다. 은밀한 처소에는 미래에 일어날 일들에 대한 이해를 열어 줄 풍성한 계시를 가져다줄 화폐가 예치되어 있다.

예배를 위한 전쟁

예배는 단순한 행위가 아니며, 그 핵심에는 통치의 힘과 권위가 들어 있다. 천지창조의 질서가 생겨나기 전, 예배를 위한 전쟁이 있었다. 그리고 마지막으로 있을 전쟁도 예배를 둘러싼 전쟁이 될 것이다.

이 전쟁은 모든 믿는 자가 하나님의 보좌에 들어가기 위해 승리해야 하는 내면의 전쟁이다.

> 하늘에 전쟁이 있으니 미가엘과 그의 사자들이 용과 더불어 싸울새 용과 그의 사자들도 싸우나 이기지 못하여 다시 하늘에서 그들이 있을 곳을 얻지 못한지라 큰 용이 내쫓기니 옛 뱀 곧 마귀라고도 하고 사탄이라고도 하며 온 천하를 꾀는 자라 그가 땅으로 내쫓기니 그의 사자들도 그와 함께 내쫓기니라 (계 12:7-9)

당연히 이 전쟁은 탱크와 총알이 난무하는 전쟁도, 혈과 육의 전쟁도 아니다. 다른 종류의 전쟁이다. 이 구절에서 전쟁이라는 단어의 원어는 폴레모스(polemos)로 '말과 논쟁의 기술'을 의미한다. 이 논쟁은 진리를 찾는 것이 목적이 아니라 진실을 왜곡하여 누군가를 속이거나 하나님 계획의 운명과 목적에서 멀어지게 하는 것이 목표다. 루시퍼는 거짓말로 하나님을 비방하고 거짓으로 속이는 환경을 조성해서 일부 천사들이 자신을 따르도록 선동하였다.

3장에 나오는 에덴동산에서 뱀의 모습을 한 마귀가 아담과 하와에게 선악을 알게 하는 나무의 열매를 먹으면 죽는다는 하나님의 말씀이 틀렸다는 생각을 갖게 했을 때와 같은 수법을 다시 사용한 것이다. 말을 왜곡한 것은 하나님의 말씀에 대한 의심을 불러일으키기 위함이다. 마귀는 하나님의 영이 깃든 유일한 피조물에게 접근할 수 있는 유일한 방법은 그들이 하나님께 불순종해서 하나님의 임재와 영광에서 분리되는 것임을 알고 있었다. 마귀가 그들을 하나님으로부터 분리하는 데 성공하자, 그들의 벗은 몸을 덮고 있던 영광과 그들이 서로를 바라보던 렌즈가 걷어졌다. 그들은 이제 '영광이 떠났다'를 의미하는 이카봇(ichabod)을 경험하게 되었다. 이전까지 하나님의 음성에 이끌리던 그들은 즉시 하나님의 임재로부터 도망쳤다.

하나님께서 아담과 하와에게 어디 있느냐고 하신 것은 그들의 물리적 위치가 아니라 그분과의 관계에서 그들이 어디에 있는지를 고백하기 원하셨다. 하나님 영광의 덮으심이 떠나가고 그들의 벌거벗은 모습이 드러나자, 그들은 바로 서로를 탓하기 시작했다. 아담은 "주님께서 저에게 주신 저 여자가 먼저 나무의 실과를 따먹었는데, 마귀가 그렇게 하라고 했다고 합니다"라고 말했다. 오늘날에도 사람들이 자신의 불행이나 하나님과 그분의 말씀에 대한 자신의 불순종을 다른 사람의 탓으로 돌리는 것을 여전히 볼 수 있다. 우리가 예수님의 보혈과 하나님의 영광으로 덮여 있는 동안에는, 마귀가 할 수 있는 것이라고는 우리를 하나님의 보호 아래서 끌어내기 위해 하나님의 말씀에 대해 논쟁하고 도전하는 것밖에는 없다.

고린도후서 10장 4-5절에 다음과 같은 구절이 나온다.

우리의 싸우는 무기는 육신에 속한 것이 아니요 오직 어떤 견고한 진도 무너뜨리는 하나님의 능력이라 모든 이론을 무너뜨리며 하나님 아는 것을 대적하여 높아진 것을 다 무너뜨리고 모든 생각을 사로잡아 그리스도에게 복종하게 하니 어떤 번역본에서는 이론(argument, 논쟁)을 '요새'로 번역하기도 한다. 여기에 사용된 그리스어는 노에마(noema)다. 간단히 말해 '우리의 생각 속에 요새를 쌓는 것'을 의미한다. 만약 우리가 우리의 생각을 통제할 수 있다면 우리 삶의 모든 부분이 바뀔 수 있다. (이 주제에 대해 더 알기 원한다면 《올바른 생각의 힘》을 읽어 보기 바란다.) 마귀의 전투와 전략은 우리 내면의 대화에 간섭하는 것이다. 하나님 말씀의 진리와 마귀가 보낸 리워야단 영의 뒤틀림을 비교함으로 원수의 속이는 생각을 더 빨리 알아차릴수록 당신의 생각 속에 전진 기지를 구축하려는 원수의 침입에서 더 빨리 자유로워질 수 있다.

전쟁으로 번역되기도 하는 '정치'도 이 단어에서 유래했다. 오늘날의 정치는 다른 사람들이 자신의 계획에 투표하거나 따르도록 설득하기 위해 상대를 비방하는 것이 되었다. 정치인들이 유권자들에게 자기를 따르도록 하는 데 사용하는 언어를 주목하라. 그들은 '나는 당신을 위해 싸우고 있습니다'와 같은 전투적인 단어와 문구를 사용하며, 이는 비방과 비난을 동반한 두 후보 간의 말의 전쟁을 촉발시킨다.

예배는 모든 믿는 자의 부르심이며, 예배에는 우리가 따를 분으로부터 임하는 권위가 부여된다. 세례 요한이 예수님께 세례를 베풀고 있을 때 "이는 내 사랑하는 아들이요 내 기뻐하는 자라"는 음성이 하늘에서부터 예수님 위로 들려왔다(마 13:17). 이것은 마치 유대인의 성인식 바 미츠바(bar mitzvah) 때 하나님께서 아들이신 예수님에게 선포하시는 음성이었다. 다음 구절에서 성령님께서 예수님을 광야로 이끄시어 마귀의 시험을 받게 하시는 장면을 살펴보자.

시험하는 자가 예수께 나아와서 이르되 네가 만일 하나님의 아들이어든 명하여 이 돌들로 떡덩이가 되게 하라 예수께서 대답하여 이르시되 기록되었으되 사람이 떡으로만 살 것이 아니요 하나님의 입으로부터 나오는 모든 말씀으로 살 것이라 하였느니라 하시니 (마 4:3-4)

아버지께서 아들이신 예수님께 마지막으로 하신 말씀이 "이는 내 아들이라"이고, 마귀가 3절에서 처음 한 말은 "네가 만일 하나님의 아들이어든 명하여 이 돌들로 떡덩이가 되게 하라"는 말이라는 점에 주목하라. 마귀는 비방이라는 무기를 사용해서 하나님의 모든 말씀과 행위에 의문을 제기한다. 마귀는 자기 정체성과 신성을 스스로 증명하라는 도전으로 예수님을 도발하였다.

마귀가 예수님께 던진 마지막 시험은 마태복음 4장 8-9절에 나온다. "마귀가 또 그를 데리고 지극히 높은 산으로 가서 천하 만국과 그 영광을 보여 이르되 만일 내게 엎드려 경배하면 이 모든 것을 네게 주리라."

사탄의 궁극적인 계략은 예수님이 마귀에게 엎드려 절하고 경배하게 하는 것이었다. 태초와 같이 예배는 힘과 권위를 의미했다. 엎드려 절한다는 것은 경배하는 대상을 높이고 그에게 복종하는 것이다. 나는 당신이 예배란 우리의 존경과 권위를 누구에게 드리는가에 관한 것임을 알기를 바란다. 마귀는 타락한 천사들처럼 예수님께서 자신에게 절하면 하늘에서 동의하신 아버지, 아들, 성령님 세 분을 분열시키고 더 큰 권세를 가지게 될 것을 알았다. 예수님께서는 시험 때마다 마귀와 논쟁하지 않으시고 오직 하나님의 말씀을 인용하셨다.

우리는 마지막 전쟁도 예배를 위한 전쟁이 될 것임을 알아야 한다. 세상에 종말이 오기 전에 이 땅은 두 그룹으로 나뉘게 될 것이다. 문제는 과연 누가 단순히 노래만을 부르는 것이 아니라 자신의 전심과 전 존재를 드려 적극적으로 예배할 것이냐이다. 용의 영향을 받아 짐승을 경배하는 사람들도 있을 것이고, 하나님의 어린양을 예배하는 사람들도 있을 것이다. 천국에서의 예배를 둘러싼 최초의 전쟁이 심판을 가져온 것처럼, 짐승을 경배하기로 선택한 사람들에게도 심판이 있을 것이다. 오늘날에도 여전히 예배를 통해 우리의 마음이 측정되고 있다는 것이 흥미롭다. 이 장에서 내가 말하는 교훈은 절대 예배를 가볍게 여기거나 마치 공연장에 온 것처럼 구경꾼이 되어서는 안 된다는 것이다. 성령님께 당신을 그분의 임재 안으로, 궁극적으로는 그분의 은밀한 처소로 인도해 주시기를 요청하기 바란다.

> 너희는 알지 못하는 것을 예배하고 우리는 아는 것을 예배하노니 이는 구원이 유대인에게서 남이라 아버지께 참되게 예배하는 자들은 영과 진리로 예배할 때가 오나니 곧 이 때라 아버지께서는 자기에게 이렇게 예배하는 자들을 찾으시느니라 하나님은 영이시니 예배하는 자가 영과 진리로 예배할지니라 (요 4:22-24)

이 성경 구절의 배경은 예수님이 사마리아의 우물가에서 한 여인을 만나는 장면이다. 일반적으로 유대인들은 사마리아 지역에 들어가지 않았지만, 예수님께서는 특별한 만남이 있을 것을 아시고 일부러 가신 것 같다. 그 여인은 수가라는 동네 밖 사람들은 아무도 알 수 없는 자신에 관한 일들을 알고 계신 예수님께서 선지자라는 사실을 깨닫고 질문을 한다. 예수님이 선지자라는 것을 알았기 때문에 여인은 무엇이든 물어볼 수 있었다. "왜 저는 행복한 결혼생활을 하지 못하나요?" 혹은 "동네의 다른 여인들은 왜 저와 같이 우물가에 오는 것을 꺼릴까요?"라고 물었을 수도 있다. 하지만 그녀는 예수님께 쉽게 말해 "우리가 어디서 예배해야 하나요?"라는 질문을 하였다(요 4:19-26 참조).

어디에서 예배를 드려야 하는지에 대한 질문은 그녀의 진정한 갈망이 지역 사회에서의 사회적 지위보다는 훨씬 더 높다는 것을 보여 준다. 그녀는 유대인인 예수님께서 여자이고 심지어 사마리아 사람인 자신에게 말씀하신다는 사실에 혼란스러웠다. 전통에 따르면 그녀는 당시 폐허로 남아 있는 사마리아 성소가 있는 그리심산으로 가야 했다. 그녀는 유대인들의 예배 장소인 시온산이 올바른 예배 장소인지 알고 싶었다. 예수님은 그녀에게 "아버지께 참되게 예배하는 자들은 영과 진리로 예배할 때가 오나니 곧 이 때라 아버지께서는 자기에게 이렇게 예배하는 자들을 찾으시느니라"고 말씀하셨다(요 4:23). 예배자를 찾으신다는 이 강력한 말씀은 천국에서 예배와 예배자를 매우 가치 있게 여기신다는 점을 알려 준다.

진리의 영의 인도를 받아 마음의 은밀한 처소에서 예배하는 자들에게 더 이상 관습적인 장소는 중요하지 않다. 진리의 원어는 알레데이아(aletheia)다. 이는 '하나님의 눈으로 바라본 명백한 실재'를 의미한다. 우리가 선호하는 스타일과 방법을 넘어 하나님께서 어떻게 경배 받기를 원하시는지 진정으로 이해하기 위해서는 성령님께 우리를 예배의 진리로 인도해 주시도록 요청해야 한다. 마귀가 삶의 걱정과 시간과 육신의 불편함으로 우리를 방해하여 예배를 위한 전쟁에서 승리하도록 내버려두지 말라. 당신이 주님을 향해 애정을 쏟고 그분을 예배할 때마다 당신의 계좌에 예치금이 쌓여간다고 생각하라.

예배의 보좌

시편 22편 3절은 "이스라엘의 찬송 중에 보좌에 앉아 계시는 주여 주는 거룩하시니이다(NKJV)"라고 말한다. 히브리어로 '마음으로 부르는 사랑의 노래'를 뜻하는 타힐라(tahilla)는 주님께서 공의의 자리에 앉아 우리의 적을 심판하시도록 초대한다. 예배자가 되는 가장 큰 유익은 우리를 그분의 보좌와 연결하는 친밀한 표현의 관계로 들어갈 수 있다는 것이다. 그분의 보좌는 절대적 주권과 심판을 상징한다. 타힐라 찬양을 통해 그분은 우리를 공격하는 원수들을 심판하기 위해 보좌에 앉으신다.

히브리서 1장 8-9절은 다음과 같이 말한다. "아들에 관하여는 하나님이여 주의 보좌는 영영하며 주의 나라의 규는 공평한 규이니이다 주께서 의를 사랑하시고 불법을 미워하셨으니 그러므로 하나님 곧 주의 하나님이 즐거움의 기름을 주께 부어 주를 동류들보다 뛰어나게 하셨도다 하였고.”

시편 22편 22절은 “내가 주의 이름을 형제에게 선포하고 회중 가운데에서 주를 찬송하리이다”라고 선포한다. 이 시편은 다윗보다는 예수님을 묘사하는 노래다. 예수님께서도 회중 가운데 계시며 우리를 통해 아버지께 예배하신다는 사실은 우리에게 큰 격려가 된다. 그리스도는 우리 안에 계시면서 아버지의 마음을 드러내 주신다. 예수님께서 제자들을 가르치신 목적 중 하나는 제자들에게 아버지를 드러내시는 것이었다. 우리를 내어 드릴 때, 예수님께서는 우리를 통해 예배하실 수 있으며, 이 사실은 우리가 진정으로 예배할 때 깨닫게 된다.

히브리서 13장 15절은 “그러므로 우리는 예수로 말미암아 항상 찬송의 제사를 하나님께 드리자 이는 그 이름을 증언하는 입술의 열매니라”고 말한다. 대부분의 사본은 이 구절을 “예수님을 통해…”로 번역한다. 예배에 온전히 내어 드려 참여한다는 것이 무엇을 의미하는지에 대한 좋은 그림은 자신을 숙련된 음악가의 손에 들린 악기로 보는 것이다. 음악가는 원하는 소리를 내기 위해 악기의 현을 연주하는 방법을 알고 있다. 마찬가지로 우리는 하나님의 보좌를 향해 경배할 때 주님께서 우리로부터 무엇을 끌어내기 원하시는지 성령님을 통해 알 수 있는 민감함을 키울 수 있다.

시편 89편 15-18절은 “즐겁게 소리칠 줄 아는 백성은 복이 있나니 여호와여 그들이 주의 얼굴 빛 안에서 다니리로다 그들은 종일 주의 이름 때문에 기뻐하며 주의 공의로 말미암아 높아지오니 주는 그들의 힘의 영광이심이라 우리의 뿔이 주의 은총으로 높아지오리니 우리의 방패는 여호와께 속하였고 우리의 왕은 이스라엘의 거룩한 이에게 속하였기 때문이니이다"라고 말한다.

기쁨의 소리는 주님이 중심에 있는 소리라는 것을 아는 사람은 복을 받은 사람이다. 축복받은 예배자는 그저 노래하는 것을 즐기는 사람과는 다르다. 참된 예배자는 기쁨과 즐거움으로 가득 차 있으며, 눈에 보이는 삶뿐만 아니라 영원한 세계에 소망을 둔다.

시온에서 태어난 자들

시편 87편 5-6절은 "시온에 대하여 말하기를 이 사람, 저 사람이 거기서 났다고 말하리니 지존자가 친히 시온을 세우리라 하는도다 여호와께서 민족들을 등록하실 때에는 그 수를 세시며 이 사람이 거기서 났다 하시리로다"라고 말한다.

시온은 솔로몬이 최초의 성전을 지은 산 혹은 그 산지를 말한다. 오늘날에도 여전히 신성한 예배의 장소로 여겨지고 있다. 우리에게 시온은 예배를 상징하며, 유대 민족의 특정한 예배 장소를 말할 뿐 아니라, 전 세계 모든 신자의 예배를 향한 마음을 의미한다. 이 두 절을 해석하는 한 가지 방법은 이곳을 출생지에 비추어 보는 것이다. 그리스도인에게 시온에서 태어났다는 것은 우리의 마음속에 예배의 영이 계시되고 태어났다는 것을 의미한다. 시편 저자는 시온에서 태어난 사람들에 대해 마치 출생증명서에 등록되는 것과 같은 표현을 사용한다.

요한계시록 20장 12절은 다음과 같이 말한다. "또 내가 보니 죽은 자들이 큰 자나 작은 자나 그 보좌 앞에 서 있는데 책들이 펴 있고 또 다른 책이 펴졌으니 곧 생명책이라 죽은 자들이 자기 행위를 따라 책들에 기록된 대로 심판을 받으니."

여기서 중요한 것은 심판이 이루어진 곳에 펼쳐진 책들이 복수라는 것이다. 예수 그리스도를 통한 우리의 거듭남이 기록된 생명책뿐만 아니라 다른 책들도 있다는 것이다. 성경에는 우리의 행동이 기록된 책이 다섯 번 언급된다. 나는 하나님의 어린양을 예배하는 것에 우리가 어떻게 순종했는지가 나와 있는 예배에 관한 책도 그때 펼쳐질 것이라고 믿는다.

하나님의 영광으로 들어가는 입구 옆, 상급이 수여되는 하나님의 보좌 앞에 서 있다고 잠시 생각해 보라. 빛의 아버지께서 말씀하시는 참된 예배는 장소와 스타일이 아니라 예배하는 사람의 마음에 달려 있다. 그러한 관점에 따라 우리의 예배가 어땠는지가 기록되어 있는 것이다. 우리는 보통 예배가 영원히 지속될 것이라는 점을 간과하는 경향이 있다. 우리가 이 땅에서 하는 설교와 사역들은 언젠가는 중단될 것이지만, 하나님의 보좌 주위에서 드리는 예배는 시간의 개념 없이 영원히 계속될 것이다.

요한계시록 13장 8절은 이같이 말한다. "죽임을 당한 어린 양의 생명책에 창세 이후로 이름이 기록되지 못하고 이 땅에 사는 자들은 다 그 짐승에게 경배하리라."

예배는 생명책에 이름이 기록되지 않은 모든 사람에게 짐승을 숭배하게 하려고 적그리스도가 지금도 계획하고 있는 전쟁임이 분명하며, 그들 중 대부분은 강요에 의해 그렇게 될 것이다. 따라서 일부 사람들은 여전히 다음과 같은 질문을 할 수 있다. "도대체 왜 예배는 태초부터 종말까지 그렇게 중요한 것일까?" 답은 간단하다. 예배가 통치권과 권위의 문제이기 때문이다. 우리가 진실한 마음으로 자발적으로 예배하는 대상에게 우리는 우리의 삶을 순복시키는 것이다. 그렇기 때문에 마귀는 예수님에게 자신을 경배하라고 집요하게 요구하는 것이다. 예배할 때 우리는 그 사람에게 우리의 권리를 내어 드린다. 많은 사람이 자신은 절대 마귀와 관련된 것을 숭배하지 않는다고 생각한다. 마귀는 예수님만을 경배하는 것에 미적지근해지는 것을 포함하여 자신의 방향으로 이끌 수 있는 모든 것을 사용할 것이다. 예배 화폐의 능력은 하늘이 부여하는 가치에 의해 뒷받침되며, 그것은 끝이 없는 영원한 것이다. 그러므로 당신이 주 예수 그리스도를 예배할 때, 당신은 당신의 삶과 모든 것을 그분께 순복시키는 동시에 어둠 왕국의 통치를 거부하는 것이다. 여기에 둘 다에 관심 없는 중간 지대란 있을 수 없다. 당신이 노래를 잘 부르든, 못 부르든 상관없이 당신은 영과 진리로 예배하는 자가 될 수 있다.

성경에는 무언가가 측량될 때는 항상 상급을 더 받거나 아니면 빼앗기는 일이 있다. 마태복음 25장에는 예수님께서 말씀하신 달란트의 비유가 나온다. 한 달란트는 돈의 가치 혹은 무게다. 이 비유에는 세 명의 하인에게 주어진 것에 대해 정산하는 장면이 나온다. 각자의 능력에 따라, 그리고 아마도 과거에 그들이 가치 있는 물건을 다뤘던 실적에 따라 받는 금액이 정해졌다. 두 명의 하인은 증식에 목적을 두고 투자했고, 세 번째 하인은 자신의 책임에 대해 다소 불안해하는 태도를 보이며 받은 것을 그저 묻어 두었다.

주인이 돌아왔을 때 그들이 받은 달란트를 투자한 두 사람은 더 많은 보상을 받았다. 아무것도 하지 않은 사람은 자신이 가졌던 잠재력마저 빼앗겼다. 우리는 언제나 더 받는 상급을 받는 것이 아니다. 우리의 삶을 지금 어떻게 살아가느냐에 따라 상급을 받을지 잃을지가 결정된다.

우리의 예배는 우리가 그리스도의 심판대, 즉 베마(bema)의 보좌 앞에 설 때 측량될 것이다.

> 또 내게 지팡이 같은 갈대를 주며 말하기를 일어나서 하나님의 성전과 제단과 그 안에서 경배하는 자들을 측량하되 성전 바깥 마당은 측량하지 말고 그냥 두라 이것은 이방인에게 주었은즉 그들이 거룩한 성을 마흔두 달 동안 짓밟으리라 (계 11:1-2)

이 구절의 메시지는 분명하다. 천사는 하나님의 성전과 그 안에 있는 예배자들을 측량하라는 지시를 받았지만, 밖에 있는 사람들은 측량 받지 않을 것이다. 왜냐하면 그들은 하나님 나라를 유업으로 받지 못하기 때문이다.

이러한 이해는 내가 주님을 경배하는 것을 훨씬 더 의식하게 만들며, 예배자로서 타고난 권리에 훨씬 더 의지적으로 관심을 갖게 하고, 소홀히 하지 않게 한다. 당신은 주님께서 측량하시고 보상해야 한다고 생각하시는 것을 하늘에 저축하는 것이며, 도둑맞지 않을 것이다. 이 땅에서 예배자로서의 시간을 소홀히 했던 점도 측량될 것이다. 세상의 일시적인 것들은 영원한 것을 위한 우리의 에너지와 시간을 소진시키기 위해 우리를 산만하게 하거나 빼앗으려 할 것이다.

> 그러므로 너희가 그리스도와 함께 다시 살리심을 받았으면 위의 것을 찾
> 으라 거기는 그리스도께서 하나님 우편에 앉아 계시느니라 위의 것을 생
> 각하고 땅의 것을 생각하지 말라 이는 너희가 죽었고 너희 생명이 그리스
> 도와 함께 하나님 안에 감추어졌음이라 (골 3:1-3)

영원은 창조 당시 이미 우리의 존재 속에 지어졌지만, 순간의 즉각성은 영원을 위해 우리가 받은 것들을 사용하지 않고 미루게 한다. 이 땅에서 우리가 받는 보상은 길어야 수십 년 정도 지속되지만, 영원에는 만료 기한이 없다. 알다시피 나는 사람들이 우리의 상상이나 희망을 훨씬 넘어서는 영원에 투자하도록 돕는 데 매우 열정적이다. 히브리서 11장 6절에는 하나님이 그분을 추구하는 자에게 상과 보수를 주시는 분으로 묘사되어 있다. 예배자는 분명 그분을 추구하는 자들이다.

마태복음 6장 20-21절이다. "오직 너희를 위하여 보물을 하늘에 쌓아 두라 거기는 좀이나 동록이 해하지 못하며 도둑이 구멍을 뚫지

도 못하고 도둑질도 못하느니라 네 보물 있는 그 곳에는 네 마음도 있느니라."

우리가 보물로 여기는 것에 대한 기준을 정하는 것은 마음이다. 그래서 더욱더 영원의 관점에서 보기 위해 우리의 마음을 재훈련하려면 성령님의 도움이 필요하다. 마찬가지로 "모든 지킬 만한 것 중에 더욱 네 마음을 지키라 생명의 근원이 이에서 남이니라"의 말씀대로 행해야 한다(잠 4:23). 여기서 '난다'는 우리 운명의 통로라는 의미다. 우리는 항상 우리의 마음과 우리의 영에 물어보며 우리 자신을 위해 영원하고 선한 길을 선택하고 있는지 확인해야 한다.

새 노래로 주를 찬양하라

구약과 신약 성경에서 우리는 "새 노래로 주께 찬송하라"는 권면을 여섯 번이나 받는다. 이 구절들에서 '새 노래'는 신선하거나 독창적이라는 의미다. 나도 미리 생각한 가사 없이 즉흥적으로 주님께 찬양드릴 때 이런 경험을 여러 번 했다. 새롭고 독창적인 찬양은 언제나 신선한 영적 분위기를 풀어내었다.

언젠가 나의 책《축복의 능력》에 대해 강연해 달라는 초청을 받았다. 제법 큰 교회였음에도 불구하고 예배당에 들어서자, 그 교회의 찬양은 설교의 전주에 불과하다는 것을 금방 알 수 있었다. 예배는 기도 없이 시작되었고, 건반을 치는 한 사람이 두 곡을 빠르게 인도한

후 나를 소개했다. 처음 방문한 교회였기 때문에 나는 집회 기간 중 일어날 것이라고 믿는 일들에 대해서 잠깐 나누었다.

나는 마치 모두가 불신의 눈으로 바라보는 가운데 무대에 올라 모자에서 토끼를 꺼내는 마술사처럼 느껴졌다. 나는 최선을 다해 성경 말씀을 전했지만 아무 소용이 없었다. 마치 귀머거리와 벙어리의 영이 사람들을 사로잡은 것만 같았다. 청중과 나 사이에 있는 거대한 빙산을 깨기 위해 재미있는 일화도 들려주었지만, 돌아오는 것은 "진짜 공연은 언제 시작하나요?"라고 말하는 듯한 무표정한 눈빛뿐이었다. 이토록 영적으로 죽은 듯하고 무덤덤한 곳은 처음이었다. 한 시간처럼 느껴지던 10분이 지나자 나는 지쳐 버렸다. 나는 숨을 죽이고 성령님께 "제가 무엇을 하길 원하십니까?"라고 속삭이듯 물었다. 주님께서 "새 노래를 불러라"라고 분명히 말씀하셨다.

나는 '와, 내가 최선을 다했는데도 그들은 은혜를 받지 못했는데 내가 노래를 부른다고 은혜를 받을 수 있을까?'라고 생각했다. 나는 모든 것을 다 해봤지만, 아무런 효과가 없다는 것을 이미 알았다. 그리고 어차피 이보다 더 나빠질 수는 없다고 생각했다. 그래서 나는 눈을 감고 주님께 마음을 두고 마치 그 장소에 예수님과 나만 있는 것처럼 주님께 사랑의 노래를 불러 드리기 시작했다. 그 노래는 이전에 들어본 적이 없는 멜로디와 한 번도 불러본 적 없는 즉흥적인 가사로 채워져 있었다. 나는 계속해서 그분의 위엄과 위대하심과 자비에 대해 노래했다. 길어야 2분 정도였지만 나는 그 순간 모든 것을 잊고 주님께 완전히 사로잡혔고, 듣는 사람들에게 무슨 일이 일어나고 있는지, 일어나지 않는지는 그다지 중요하지 않았다.

눈을 떠보니 의자에 무릎을 꿇고 있는 사람들이 몇 명 있었고, 손을 들고 서 있는 사람도 있었다. 마침내 누군가 선풍기를 켜서 환기한 것처럼 상쾌하게 하는 영적 기류의 움직임이 느껴졌다. 성령님께서 역사하시도록 나는 계속 찬양을 불렀다. 남은 한 주 동안 놀라운 자유가 임했다.

주님께 즉흥적으로 찬양을 올려 드리는 것에는 종교의 벽을 뚫는 어떤 힘이 있다. 하늘 문을 열어 주신 예수님을 영화롭게 할 때 성령님은 더욱 강력한 방식으로 임하신다. 나는 빌립보서 3장 3절의 "하나님의 성령으로 봉사하며 그리스도 예수로 자랑하고 육체를 신뢰하지 아니하는 우리가 곧 할례파라"는 구절이 떠올랐다. 이곳에 변화가 일어나고 있었다. 제삼자로서 하나님에 대해 그저 노래하는 것이 아닌 성령 안에서 하나님을 예배하는 것이 분명하게 느껴졌다. 예배당 안의 청중을 위해 노래하는 것이 아니라 주님을 위해 노래했을 때 그 예배의 목표가 바뀌었다.

시편 48편 10절은 "하나님이여 주의 이름과 같이 찬송도 땅 끝까지 미쳤으며 주의 오른손에는 정의가 충만하였나이다…"라고 말한다. 간단히 말해, 이 구절은 하나님께서 자신의 이름이 찬양받는 것과 같은 방식으로 자신을 드러내신다는 뜻이다. 고대 랍비들은 하나님께서 자기 이름을 통해 자신을 드러내신다고 믿었다. 예를 들어 그들이 그분의 이름을 여호와 라파, 치유하시는 하나님으로 찬양하면, 그들이 선포한 그분의 이름대로 그분의 영광이 드러나는 것을 보게 될 것이라고 말이다. 동일한 방식으로 내가 하나님의 위엄과 자비를 드러내는 노래를 부르자 분위기가 놀랍게 변화되었고, 사람들을 사로잡았던 귀머거리와 벙어리의 영이 떠나갔고 그날 저녁의 메시지가 그들의 영혼에 들릴 수 있었다. 영적으로 무감각한 상태의 군중에게는 설교해도 소용이 없다. 성령께서 오셔서 왕의 위엄을 나타내시고 백성을 묶고 있는 종교의 사슬을 끊어 주셔야 한다. 나는 그 후로 수년간 이 사랑스러운 교회와 관계를 맺으며 여러 차례 집회를 했다.

예배의 근원

에스겔 47장 1절은 우리에게 다음과 같이 말한다.

그가 나를 데리고 성전 문에 이르시니 성전의 앞면이 동쪽을 향하였는데 그 문지방 밑에서 물이 나와 동쪽으로 흐르다가 성전 오른쪽 제단 남쪽으로 흘러 내리더라

에스겔은 유대 민족에게 중요했던 시기에 흐르는 물에 대한 환상을 받는다. 에스겔은 이 강력한 희망의 환상을 기록할 당시 25년 동안 바벨론 유배 생활을 하고 있었다. 예루살렘 성전은 폐허가 되었고, 대부분의 사람은 우상 숭배와 하나님의 명령에 대한 불순종으로 인해 포로로 잡혀갔다. 에스겔은 성전 문지방과 출입구에서 강물이 흘러나

오는 것을 보았다. 이 환상은 예루살렘 성전을 재건하는 환상이 아니라 천국의 환상이었다.

강은 회복에 대한 희망의 메시지 외에도 하나님의 백성에게 예배가 회복될 것이라는 메시지도 담겨 있다. 성전은 하나님의 임재 주위로 사람들이 모이는 것을 상징한다. 강물이 흐르는 것은 예배가 흘러나오는 것과 물이 흐를 때 생겨나는 생명을 상징한다. 도시는 강을 중심으로 건설된다. 강에서 흘러나오는 물은 생명 유지에 아주 중요하다. 강은 흐르는 물을 상징하며, 흐르지 않고 고여 있는 물보다 언제나 더 신선하다. 강의 근원이나 시작점이 어디인지 보는 것은 중요하다. 이 구절에 나오는 강은 하나님의 성전 안에서부터 시작되었다. 진정한 예배는 하나님의 보좌에서 시작되어 우리에게 흘러내리고, 우리는 그것을 다시 그분께 돌려 드리는 것이다.

우리가 하나님을 사랑하려면 하나님의 사랑이 필요하다. 그렇지 않으면 그저 우정이나 필레오(phileo) 사랑으로만 하나님을 사랑할 수 있다. 로마서 5장 5절은 "소망이 우리를 부끄럽게 하지 아니함은 우리에게 주신 성령으로 말미암아 하나님의 사랑이 우리 마음에 부은 바 됨이니"라고 말한다. 성령님께서 하나님을 어떻게 사랑해야 하는지 보여 주셔야 우리는 알 수 있다. 마찬가지로 우리가 하나님이 원하시는 방식으로 하나님을 예배하려면 성령님께서 알려 주셔야 한다.

에스겔의 환상에서 강이 성전에서 멀어질수록 물이 더 깊어지는 것을 주목하라. 이 땅에서 대부분의 강은 발원지에서 멀어질수록 얇아지고 물살이 약해지지만, 하나님의 강은 수영할 수 있는 물이 될 때까지 깊어진다. 하나님의 강은 가는 곳마다 생명이 솟아나게 한다. 이 강에 대한 메시지는 여러 지역에서 어부들이 낚시하기 위해 강으로 모이게 한다. 낚시는 전도와 부흥의 상징이다. 그래서 예배가 성령의 자유로운 흐름을 허용해 드리는 곳에는 부흥의 역사가 일어난다. 강물의 흐름을 방해하는 곳에는 늪이 생기고 고인 물에는 아무것도 살 수 없다.

진정한 예배는 연주자들이 회중을 향해 쏟아내는 무대 위에서 시작되는 것이 아니다. 진정한 예배는 하늘에 있는 그분 성소의 보좌로부터 성령님의 자유로운 표현이 자기들을 통해 흘러나오는 것을 허용해 드리는 사람들 위에 임하는 것에서 비롯된다. 나는 연주자들이 하나님의 강물과 같이 흐르며 예배할 때 매우 감사하다.

요한계시록 22장 2절은 이러한 흐름을 아름답게 묘사한다.

길 가운데로 흐르더라 강 좌우에 생명나무가 있어 열두 가지 열매를 맺되 달마다 그 열매를 맺고 그 나무 잎사귀들은 만국을 치료하기 위하여 있더라

에스겔서 47장 12절에도 강변의 열매 맺는 나무와 하나님의 성소에서 흘러나오는 물의 치유력에 대한 비슷한 설명이 나와 있다.

강 좌우 가에는 각종 먹을 과실나무가 자라서 그 잎이 시들지 아니하며 열매가 끊이지 아니하고 달마다 새 열매를 맺으리니 그 물이 성소를 통하

여 나옴이라 그 열매는 먹을 만하고 그 잎사귀는 약 재료가 되리라

명절 끝날 곧 큰 날에 예수께서 서서 외쳐 이르시되 누구든지 목마르거든

내게로 와서 마시라 나를 믿는 자는 성경에 이름과 같이 그 배에서 생수의

강이 흘러나오리라 하시니 (요 7:37-38)

이러한 유형의 예배는 하늘에서 인정해 주는 화폐다.

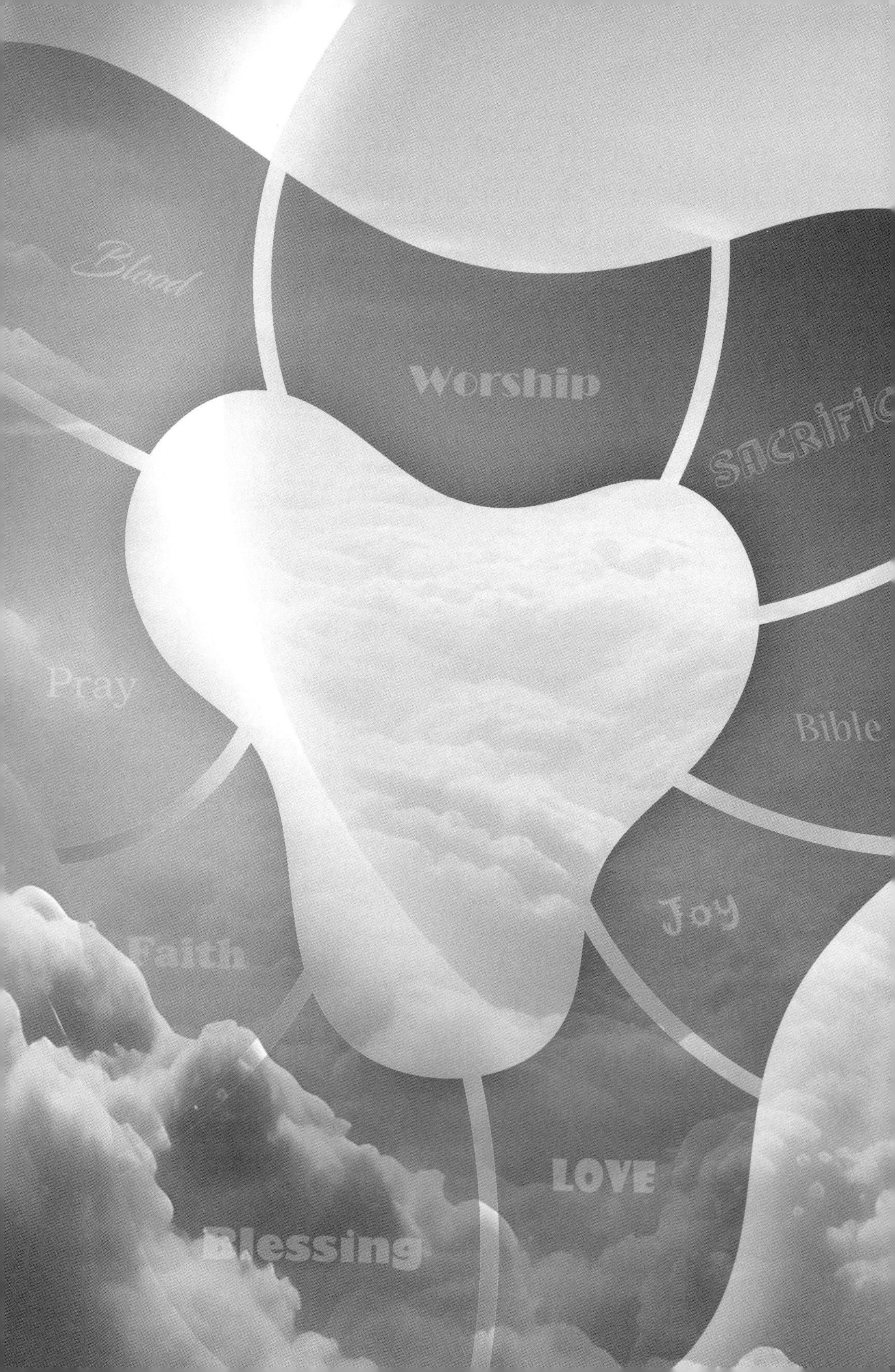
Blood
Worship
SACRIFIC
Pray
Bible
Joy
Faith
LOVE
Blessing

Chapter 7

축복의 화폐

일부 독자들에게 축복을 하늘이 인정하고 권위를 부여하는 화폐에 포함되는 것이 이상하게 느껴질 수도 있다. 이러한 개념이 다소 이상하게 들리는 이유는 우리 대부분이 축복의 정의에 물질의 축적이 포함된다고 생각하기 때문이다. 우리가 축복을 받았기 때문에 형통하다고 말할 때 우리는 이러한 표현을 하는데 어떤 경우에는 사실이기도 하다.

하늘이 말하는 축복은 재정적 안정이나 자동차 보유 대수와는 아무런 관련이 없다. 축복에 대한 성경적 정의는 우리가 축복을 어떻게 생각하고 말하는지가 아니라 하나님께서 보시는 방식대로 우리가 말하고 선포하는 것을 말한다. 신약 성경에서 축복은 헬라어로 율로기아(eulogia)이며, '누군가를 찬양하거나 칭찬한다'는 의미의 영어 단어 율로지(eulogy)가 이 단어에서 유래했다. 베드로전서 3장 8-9절은 다음과 같이 말한다.

마지막으로 말하노니 너희가 다 마음을 같이하여 동정하며 형제를 사랑
하며 불쌍히 여기며 겸손하며 악을 악으로, 욕을 욕으로 갚지 말고 도리어
복을 빌라 이를 위하여 너희가 부르심을 받았으니 이는 복을 이어받게 하
려 하심이라

축복은 현재 보이는 상태가 아니라 하나님께서 될 것이라 의도하
시는 것을 선포하는 것으로 풀이된다. 누가복음 6장 28절에서 예수
님은 "너희를 저주하는 자를 위하여 축복하며 너희를 모욕하는 자를
위하여 기도하라"고 말씀하신다. 진리와 사실에는 차이가 있다. 사실
은 겉으로 보이는 모습이지만, 진리는 사실을 이긴다. 당신은 사실에
입각해 살지, 진리에 입각해 살지를 선택할 수 있다. 예를 들어 의사가
6개월밖에 살 수 없다고 말한다면 그것은 과학적 사실일 수는 있지
만, 진리는 하나님의 말씀이 말하는 것이다. 진리란 성령님이라는 이
름을 가지신 인격체다. 그리고 진리는 예수님이 채찍에 맞으심으로 당
신이 나음을 입었다는 것이다(사 53:5, 벧전 2:24 참조). 우리는 빵으로만 살
것이 아니라 하나님의 입에서 나오는 모든 말씀으로 살아야 한다(신
8:3, 마 4:4 참조). 진리는 하나님의 입에서 나오고, 사실은 그저 일시적 현
상이다. 하나님께서 의도하신 상황이 되도록 선포하기 시작할 때 축
복이 풀어진다.

대부분의 사람은 자신의 몸을 하나님이 의도하신 뜻대로 축복하

159

는 대신 사실을 반복해서 되뇌이는 데 시간을 보낸다, 하지만 하나님의 뜻은 병약한 과학적 사실이 아니다. 당신은 당신의 몸을 축복할 수도, 저주할 수도 있다. 고린도전서 6장 19절은 "너희 몸은 너희가 하나님께로부터 받은 바 너희 가운데 계신 성령의 전인 줄을 알지 못하느냐 너희는 너희 자신의 것이 아니라"고 말한다. 만약 당신이 당신의 몸을 주님의 성전으로써 축복하면, 당신은 당신의 몸을 향한 하나님의 뜻에 동의하는 것이다. 시편 139편 14절은 우리가 심히 기묘하게 지음받았으며 하나님께서 하신 일이 기이하다고 말한다. 당신의 몸을 축복하는 것은 하나님께서 당신을 창조하신 본래의 뜻과 다시 일치되도록 선포하는 것이다.

천국에서 축복을 화폐로 보는 이유는 '주님의 말씀'을 풀어내기 때문이다. 베드로전서 3장 8-9절은 악을 악으로 갚지 말고, 마귀와 동조하는 입에서 나오는 악이나 저주하는 말을 대신하여 축복해야 한다고 분명하게 말한다. 마귀는 사람들을 고발하고 저주한다. 축복은 마귀의 의도를 차단하며, 마귀의 계획에 저항하는 우리의 무기다. 이 성경 구절 또한 우리가 은사로 부름받은 것과 동일한 방식으로 축복하도록 부름받았으며, 축복의 은사를 실천함으로 축복을 상속받는다고 말한다. 당신이 유업으로 상속받은 축복은 하나님께서 당신의 삶과 당신의 가정에 선포하시는 주님의 말씀 아래 살아가는 것이다.

세상에는 마치 저주 아래 살면서 형통이나 좋은 일들을 전혀 경험하지 못하는 삶을 사는 사람들이 있다. 어쩌면 그들은 축복의 유업을 아직 발견하지 못했기 때문일 수도 있다. 나의 책 《축복의 능력》

에서 내가 축복에 관한 계시를 발견했을 때 나의 삶이 어떻게 영원히 바뀌게 되었는지에 대해 분명하게 이야기했다.

다이앤과 나는 텍사스주 댈러스 30번 고속도로를 타고 집회 장소로 향하고 있었다. 대도시답게 길이 많이 막혔으며, 엎친 데 덮친 격으로 오후 5시 러시아워 시간대였다. 갑자기 작은 트럭 한 대가 내 앞으로 끼어들려다가 내 차 오른쪽 앞바퀴 덮개와 부딪혔다. 나는 브레이크를 꽉 밟았고 내 입에서 튀어나온 말을 우리 어머니가 들으셨다면 비누로 내 입을 씻으라고 하셨을 정도로 자랑스럽지는 못한 말이었다. 나는 "저 멍청이!"라고 엉겁결에 소리쳤다. 늘 성령님처럼 말하는 다이앤이 나에게 "네? 당신 뭐라고 했어요?"라고 물었다. 나는 쭈뼛대며 "왜, 멍청이 맞잖아"라고 대답했다.

놀랍게도 나는 내가 성령님과 내면의 대화를 나누고 있다는 것을 깨달았다. 나는 주님께서 "너 방금 왜 나를 멍청이라고 불렀니?"라고 말씀하시는 것을 들었다. 이상하게 들릴지 모르겠지만, 이 내면의 대화는 매우 명료했고 하나님께 딱 걸렸다는 것을 알았다. 나는 마음속으로 주님께 이렇게 대답했다. "저는 주님을 멍청이라고 한 것이 아닙니다." 내 변명이 끝나기도 전에 주님은 야고보서 3장 9절을 인용하셨다. "이것으로 우리가 주 아버지를 찬송하고 또 이것으로 하나님의 형상대로 지음을 받은 사람을 저주하나니." 나는 그분께서 성경 구절을 인용하실 때는 나에게 반박의 여지가 없다는 것을 알고 있다. 마지막으로 주님은 마태복음 25장 40절로 결정타를 날리셨다. "임금이 대답하여 이르시되 내가 진실로 너희에게 이르노니 너희가 여기 내 형제

중에 지극히 작은 자 하나에게 한 것이 곧 내게 한 것이니라.”

이 메시지는 내 영혼 깊숙이 스며들었다. 러시아워 한가운데서 부적절한 단어 선택으로 시작된 그 순간이 내 삶을 변화시키는 하나님의 메시지가 되었다. 나는 이 모든 일이 내 마음속에서 일어나는 동안 재빨리 회개했고, 주님께서 “이제 그를 축복하라”고 말씀하시는 음성을 들었다. 나는 무성의하게 “축복해”라고 말했다. 그러나 그것으로는 충분하지 않았다. 하나님께서는 “아니, 네가 축복받고 싶은 대로 축복하라”고 말씀하셨다. 나는 ‘그러면 완전히 다르게 해야겠네’라고 생각했다. 그래서 잠시 생각한 후 이렇게 말했다. “당신은 약속의 아들이며 하나님 임재의 충만함을 경험하게 될 것입니다. 당신과 당신 가정의 장수와 안녕을 축복합니다”라고 선포하였다. 그다음에 일어난 일은 뭐라 형언하기 어렵지만 아주 간단히 말하면 나의 육신을 통해 주님의 기쁨이 흐르는 것을 느꼈다. 그것은 마치 엔도르핀을 포함한 내 뇌의 모든 화학 물질이 온몸에 넘쳐흐르는 것 같았고, 아주 큰 행복감을 느꼈다. 내가 잘 알지도 못하는 사람에 대해 부정적인 말 대신 오히려 그 사람을 축복할 때 주님께서 얼마나 큰 기쁨을 받으시는지 깨달았다.

그때부터 나는 그 기쁨을 더 많이 누리고 싶었다. 그래서 내가 마주치는 모든 상황과 절대 바뀌지 않을 것 같은 상황에서도 축복하기 시작했고, 그럴 때 기적이 일어나는 것을 경험하였다. 축복은 정말로 효과가 있으며, 하늘은 모든 상황에 주님의 본성을 선포할 때 응답한다. 내가 다른 사람을 축복하는 방식은 내가 예수님을 축복하는 방식과 동일하다. 축복은 하나님이 보시는 관점을 선포하는 것이고 저주는 축복의 반대다. 나는 그저 욕하는 것을 말하는 것이 아니다. 물론 그것도 나쁘지만, 내가 말하는 것은 하나님이 축복하신 사람이나 어떤 것들을 저주하는 것을 말한다. 저주는 무엇인가가 하나님께서 원래 의도하신 것보다 낮은 위치에 처하도록 말하거나 선포하는 것이다. 마태복음 6장 10절에 기록된 주기도문에서 예수님은 주님의 뜻이 하늘에서 이루어진 것 같이 땅에서도 이루어지기를 구하셨다.

우리는 참소자가 하늘에서 쫓겨나 땅으로 떨어졌다는 것을 알고 있다. 우리는 이 세상의 신이 저주를 통해 사람들의 눈을 멀게 하고 그들의 마음에 저주의 말을 심어 서로가 서로를 저주하도록 하는 때에 살고 있다(고후 4:4). 저주는 원수의 본성이다. 우리의 전쟁은 저주의 영을 대적하는 것이며, 축복은 저주가 이길 수 없는 무기다. 축복은 그저 아첨하는 말이 아니며, 마귀의 악한 눈이 아닌 하나님의 렌즈를 통해 보며 하나님의 마음을 나누는 것이다. 타락한 인간의 마음에는 악이 자리 잡고 있으며, 축복은 그 반대의 영으로 임하여 마귀의 일을 멸한다. 야고보서 4장 7절은 우리에게 "너희는 하나님께 복종할지어다 마귀를 대적하라 그리하면 너희를 피하리라"고 말한다. 여기서 대적한다는 말은 반대되는 단어로 대체한다는 의미다. 하나님께 순복한 후 마귀를 대적할 방법은 저주를 축복으로 대체하는 것이다.

어느 신학교에서 축복에 대해 가르칠 때 한 회사의 매니저인 여성이 자신의 상황에서도 내가 한 말이 효과가 있을지 잘 모르겠다고 했다. 그녀는 사장과 한동안 사이가 좋지 않았고 곧 해고될 것이라고 확신하고 있었다. 그녀는 사무실 환경을 설명하며 직원들 앞에서 그 상사에 대한 저주를 꽤 했다고 인정했다. 나는 그녀의 저주가 그녀가 받을 은총을 가로막는 영적 기류를 형성했다고 말해 주었다. 나는 적어도 일주일 동안, 직원들과 함께 만들던 저주의 환경을 축복으로 대체하는 시도를 해보라고 제안했다.

다음 날은 월요일이었고, 그녀는 먼저 그에 대한 저주와 비난의 험담을 직원들에게 쏟아냈던 모든 것을 하나님께 회개하는 것으로 시작했다. 직원들과 상사가 도착하기 전에 건물을 돌아다니며 그 상사를 축복하고 그 회사가 자기 수입의 원천임을 주님께 감사했다. 그리고 그녀는 기회가 있을 때마다 직원들도 축복했다. 일주일도 채 지나지 않아 그녀는 긍정적인 변화가 사무실에 임하는 것을 느낄 수 있었다. 그녀는 먼저 그 상사를 대하는 자신의 태도가 부드러워지기 시작했음을 느꼈고, 직원들도 그녀의 변화를 보기 시작했다.

금요일에는 상사가 그녀를 사무실로 불렀다. 그녀는 자신이 도끼에 찍히듯 해고될 때가 이르렀다고 생각했다. 상사의 첫마디는 둘 다 서로를 별로 좋아하지 않았다는 것을 인정하는 말이었지만, 최근에는 뭔가 변화가 생겼고 그녀가 사무실 매니저로 계속 남아 있기를 바란다고 말했다. 또한 상사는 두 달 전에 예정되어 있던 그녀의 연봉 인상을 소급 적용해서 주겠다고 말했다. 그녀는 저주로 가득 찼던 입을 축복으로 가득 찬 입으로 바꾼 것, 이것 하나만으로 업무 환경이 얼마나 극적으로 달라졌는지 경험하였고, 이 좋은 소식을 매우 기뻐하며 나에게 전해 주었다.

당신 앞에 생명과 죽음이 있다

신명기 30장 19절은 진지하게 묵상할 가치가 있는 구절이다. "내가 오늘 하늘과 땅을 불러 너희에게 증거를 삼노라 내가 생명과 사망과 복과 저주를 네 앞에 두었은즉 너와 네 자손이 살기 위하여 생명을 택하고."

이 약속은 우리에게 주어진 것이며 우리의 후대에도 영향을 끼친다. 그러므로 우리가 해야 할 선택은 분명하다. 모세는 축복을 생명과 연결 짓고 저주를 죽음과 연결 짓는다. 우리가 생명의 말을 선택하지 않고 어둠의 말을 사용하여 얼마나 많은 것을 파괴했을지 생각하면 상상만 해도 끔찍하다. 우리에게는 우리의 결혼 생활을 축복하거나 저주할 수 있는 선택권이 있다. 우리가 만드는 환경에 대한 책임이 우리에게 있다. 우리의 가정도 우리가 이 문제를 올바르게 다루는 데에 달려 있다. 하나님은 우리에게 생명을 선택하여 우리와 우리 후손에게 축복을 가져다주게 하라고 말씀하신다.

잠언 18장 21절은 "죽고 사는 것이 혀의 힘에 달렸나니 혀를 쓰기 좋아하는 자는 혀의 열매를 먹으리라"고 말한다. 우리의 입이 지닌 능력을 설명하기 위해 하나님의 말씀이 사용하는 위와 같은 강력한 표현들을 생각하면 정신이 번쩍 든다. 우리는 매일, 그리고 하루에도 여러 번씩 선택의 기로에 놓인다. 누군가를 하나님이 그 사람을 위해 의도하신 것보다 낮은 자리에 끌어내리는 것을 선택했을 때 마귀가 비웃는 모습을 상상하면, 다음번에 당신이 또 그 사람에게 무례하거나 적대적으로 굴고 싶은 유혹을 받을 때 다시 한 번 생각하게 될 것이다. 우리는 종종 마귀를 대적하는 대신 마귀가 우리를 남들을 저주하는 데 사용하는 장기 말이나, 그의 악독한 말을 전하는 비둘기로 사용하도록 허용한다. 우리 모두 언제나 축복하기를 기억하고 선택할 만큼 완벽하지는 않다. 인간의 본성은 악에는 악으로, 모욕에는 모욕으로 갚는 것이다. 육신의 전략은 불에는 불로, 이 경우에는 육신에는 육신으로 맞서 싸우는 것이다. 그러나 우리는 죽음이 아닌 생명을 선포하기 위해 가능한 모든 노력을 다 기울이는 선택을 할 수 있다.

나는 비꼬는 말을 예술의 경지로 만드는 집안에서 자랐다. 특히 가족 중 남자들은 누이나 어머니를 바보처럼 보이게 만드는 것을 즐겼다. 지금 생각하면 너무 이상하지만, 우리는 상처받고 물러설 때까지 서로를 모욕했고, 이긴 사람은 자신의 재치와 모욕적인 농담에 자부심을 느꼈다. 누군가의 감정이 상하면 우리는 천진하게 "그냥 농담이잖아"라고 말하며 오히려 상처받은 사람이 나약한 것처럼 보이게 만들었다.

다이앤이 가족들을 만날 때가 되었을 때, 나는 가족들이 다이앤을 어떻게 대할지, 혹시 새로운 놀림의 대상으로 보지는 않을지 걱정되었다. 다이앤이 머무는 동안 모두가 그 촌스러운 개인기를 내려놓길 바랐다. 다이앤은 형제자매와 함께 자라지 않았고, 매우 세련되고 예의 바르고 친절하기 때문이다.

그 특별한 순간을 위해 다이앤과 함께 문을 열고 집 안에 들어섰을 때 내가 받은 첫인사는 "안녕, 못난이! 잘 지냈어?"였다. 오랫동안 가족들과 가까이 살지 않았지만, 나의 대답이 자동으로 튀어나왔다. "안녕, 나보다 더 못난이!" 다이앤의 얼굴이 많은 것을 말해 주고 있었다. 다이앤이 우리의 시골스러운 예의에 익숙하지 않다는 사실을 잊고 있었다. 다이앤은 "다들 서로에게 무슨 짓을 하는 거죠?"라고 말했다. 다이앤의 얼굴에 드러난 충격이 우리 가족에게 우리의 문화를 하나님 말씀의 빛에 비추어 다시 생각하게끔 하였다. 우리가 서로를 사랑하고 항상 서로를 지지한다는 것은 의심할 여지가 없었지만, 우리가 미처 인지하지 못하는 사각지대에 존재하는 가계의 저주를 제거할 필요가 있었다.

우리는 주님을 기쁘게 해드리기 원했고 우리의 문화를 바꾸는 것은 어렵지 않았다. 하지만 서로를 다르게 대하도록 우리의 두뇌를 재훈련하는 부분이 어려웠다. 우리는 거칠고 심한 농담이 하나님의 말씀에 불순종하는 것에 핑계가 될 수 없다는 것에 동의했다. 나쁜 유머에서 축복의 유머로 바꾸기 시작한 지 얼마 후, 몇몇 형제자매는 농담으로 한 말이지만 상처받았던 이야기를 나누었다. 농담임에도 불구하고 그들은 상처받았고, 그 기억들이 머릿속에 남아 자신들이 정말 사랑받았는지에 대해 의문이 들 정도였다.

좋은 소식은 이제 우리 가족은 고통과 거절감을 안고 있는 이들보다 하나님이 주신 변화를 간증하는 이들이 더 많아졌다는 사실이다. 그리고 때때로 누군가를 저주할 때 그것이 부메랑이 되어 두 사람 모두 그 부정적인 말에 상처받는다는 사실을 깨닫게 되었다. 우리는 이제 진정으로 '형제들을 서로 지켜주는 자'들이 되었으며, 상처 주는 말을 해놓고 상대방이 그 말을 너무 예민하게 받아들이면 안 된다고 말하며 넘어가는 일은 사라졌다. 우리의 말이 다른 사람에게 상처를 줄 수 있기 때문에 우리는 이것을 심각하게 받아들여야 한다.

잠언 26장 2절은 "까닭 없는 저주는 참새가 떠도는 것과 제비가 날아가는 것 같이 이루어지지 아니하느니라"고 말한다. 이 잠언의 요점은 새가 둥지를 떠나면 내려앉을 다른 장소나 둥지를 찾는 것처럼 저주도 착륙할 곳을 찾아야 한다는 것이다. 예를 들어 저주하는 사람은 다른 저주가 내릴 수 있는 착륙장이 된다. 우리는 자신이 지니고 있는 저주와 비슷한 영을 끌어들이는 경향이 있다. 많은 경우 어떤 가족에게 역사하는 친숙한 악한 영들은(familiar spirits) 그 가족이 동의한 부분에 자리 잡는다.

요한복음 14장 30절에서 예수님께서 "이 후에는 내가 너희와 말을 많이 하지 아니하리니 이 세상의 임금이 오겠음이라 그러나 그는 내게 관계할 것이 없으니"라고 말씀하신 것에서 이를 분명히 알 수 있다. 예수님은 제자들에게 앞으로 일어날 일을 말씀하시면서 "이 세상에 있는 마귀의 세력이 나를 잡으려 하겠지만 내 안에는 그들에게 동의하거나 반응할 만한 것이 아무것도 없으므로 그들은 내게 무력하다"고 말씀하신 것이다. 이 진리는 요한복음 18장 4-8절 겟세마네 동산에서 로마 군인들이 예수님을 잡으러 왔을 때 드러난다. 예수님은 "너희가 누구를 찾느냐"고 세 번이나 물으셨고, 그들은 "나사렛 예수"라고 대답했다. 예수님께서 "내가 그니라"고 대답하자 군인들은 모두 엎드러졌다. 그들이 예수님을 대적할 힘이 없었던 이유는 그들 안에 있는 악한 영이 예수님 안에 있는 하나님의 영과 공명(共鳴)하지 않았기 때문이다. 저주하는 행위를 하지 않으면 저주가 당신에게 역사할 수 있는 힘을 가질 수 없다.

갈라디아서 6장 7-8절은 다음과 같이 말한다.

> 스스로 속이지 말라 하나님은 업신여김을 받지 아니하시나니 사람이 무엇으로 심든지 그대로 거두리라 자기의 육체를 위하여 심는 자는 육체로부터 썩어질 것을 거두고 성령을 위하여 심는 자는 성령으로부터 영생을 거두리라

이것이 바로 상호성의 법칙 또는 보상의 원리다. 저주를 심는 사람은 저주의 열매를 보게 될 것이다. 어둠의 영이 당신이 투자한 저주를 미래에 거두도록 저주의 씨를 뿌리거나, 하나님 나라가 당신이 뿌린 축복의 씨앗에서 축복을 맺어 돌려주거나 둘 중 하나다.

지금 거두는 열매가 좋지 않다면, 뿌리는 씨앗을 바꿔야만 한다는 것은 중력의 법칙만큼이나 명확한 성경의 법칙이다. 상황이 바뀌기를 그저 바라기만 한다고 해서 바뀌는 것이 아니라, 저주의 씨앗을 축복의 씨앗으로 바꿔야만 변화를 볼 수 있다.

> 무릇 더러운 말은 너희 입 밖에도 내지 말고 오직 덕을 세우는 데 소용되는 대로 선한 말을 하여 듣는 자들에게 은혜를 끼치게 하라 하나님의 성령을 근심하게 하지 말라 그 안에서 너희가 구원의 날까지 인치심을 받았

느니라 (엡 4:29-30)

바울 사도는 저주에 관해 설명할 때 강한 언어를 사용한다. 더럽다는 단어는 헬라어 사프로스(sapros)에서 유래한 것으로 '썩은, 부패한, 악취'를 의미한다. 쉽게 말해 누군가에 대한 우리의 견해를 표현하기 위해 더럽고 부정한 말을 사용하면, 누군가를 역겹게 하는 것을 심는 것이라고 바울은 말한다. 하지만 이것만으로는 충분치 않다고 여긴 바울은 "하나님의 성령을 근심하게 하지 말라 그 안에서 너희가 구원의 날까지 인치심을 받았느니라"는 말로 마무리한다. 저주는 다른 사람을 구역질나게 할 뿐만 아니라 성령님을 슬프게 한다. 성령을 슬프게 한다는 말은 결혼하기로 약속했다가 파혼당하여 버림받는 사람의 감정을 묘사할 때 사용되는 표현이다. 성령을 슬프게 한다는 표현의 또 다른 예는 약혼이 깨졌을 때의 슬픔과도 같다.

바울 사도는 로마서 12장 14절에 이렇게 기록한다. "너희를 박해하는 자를 축복하라 축복하고 저주하지 말라." 바울은 저주하지 말라고 분명히 말하며, 사람들이 당신을 핍박하고 축복받을 자격이 없어 보일지라도 축복하라고 말한다. 그렇게 함으로 우리는 반대의 영으로 나아가며, 저주하는 자의 의도를 무력화시키는 것이다.

야고보서 3장 4-5절은 "또 배를 보라 그렇게 크고 광풍에 밀려가는 것들을 지극히 작은 키로써 사공의 뜻대로 운행하나니 이와 같이 혀도 작은 지체로되 큰 것을 자랑하도다 보라 얼마나 작은 불이 얼마나 많은 나무를 태우는가"라고 말한다. 성경은 혀를 몸의 작은 지체로 묘사하지만, 우리 삶의 방향을 결정한다. 이것은 우리 입에서 나오는 말이 우리 삶의 방향을 결정한다는 것을 상징적으로 보여 준다.

그리고 누가복음 6장 45절은 "선한 사람은 마음에 쌓은 선에서 선을 내고 악한 자는 그 쌓은 악에서 악을 내나니 이는 마음에 가득한 것을 입으로 말함이니라"고 말한다. 진짜 범인은 혀가 아니라 마음인 것이다

마음은 우리의 생각과 지성이며, 우리는 보통 이것을 혼이라고 부른다. 혼 안에서 우리는 기분이 상할지, 같은 방식으로 보복할지, 아니면 축복을 통해 저주의 불화살을 꺼뜨릴지 결정하게 된다. 혼은 과거의 경험에서 얻은 이롭거나 해로운 기억과 생각들을 저장하며 그것이 우리의 마음을 채운다.

중요한 것은 성령으로 충만해져서 성령의 영향을 받아 말하고 우리 마음이 주님의 눈으로 보는 축복으로 가득 차게 하는 것이다. 우리의 혼에 무엇을 채우든, 혼은 동일한 것으로 보답할 것이다. "쓰레기를 넣으면 쓰레기가 나온다"는 옛말은 사실이다. 이 표현은 일반 가정에 컴퓨터가 보편화되면서 널리 퍼진 말이다. 사람들은 때때로 자신들의 컴퓨터 파일에서 나오는 내용을 보고 깜짝 놀랐다. 우리는 컴퓨터에 입력된 것은 그대로 나온다는 사실을 기억해야 했다. 만약 당신의 입에서 나온 '쓰레기'에 놀란 적이 있다면, 이제 당신의 혼에도 언젠가 그것이 입력되었다는 것을 알 것이다. 감사하게도 성령님은 우리 혼의 어수선함을 청소하도록 도와주셔서 옛 저주에서 무의식적으로 튀어나오는 것에 놀라지 않도록 도와주실 것이다.

171

축복을 통한 치유

나는 축복의 능력을 깨달은 사람들에게 임하는 변화를 볼 때마다 여전히 흥분된다. 언젠가 텍사스주 휴스턴 근처에서 집회를 마무리하고 있을 때, 친구 목사가 떠나기 전에 어떤 사람을 상담해 줄 수 있느냐고 물었다. 나는 몇 시간 후에 다른 도시에 도착해야 해서 시간이 없다고 설명했다. 친구 목사는 간청했고 나는 그가 친구이기에 어쩔 수 없이 수락했다. 나는 아는 사람이냐고 물었다. 그는 아니라고 고개를 절레절레 흔들었다. 그 남자는 일 년 내내 해외에서 계약직으로 일하기 때문에 집에 있는 시간이 많지 않다고 설명했다. 그의 질문은 "어떻게 하면 이혼을 원하는 아내를 붙잡을 수 있을까요?"였다. 우리가 이야기하는 지금 이 시간에도 아내는 변호사 사무실에서 상담 중이라고 말했다.

내가 말을 꺼내기도 전에 그는 자신들의 관계에 관해 설명하기 시작했다. 그는 아내를 별로 사랑하지 않았고, 아내 또한 아무것도 도와주지 않는다고 했다. 이런 아내는 바라는 것이 너무 많다고 한숨을 쉬며 말했다. "아내는 장모님이랑 똑같아요." 나는 "결혼 생활을 유지하고 싶은 마음이 없는 것 같은데… 문제가 쉽게 해결될 것 같네요"라고 말했다. 그러자 그는 화를 내며 "아무도 나와 이혼할 수 없어요"라고 했다. 나는 그의 눈을 똑바로 바라보며 "선생님, 선생님께서 아내를 축복할 수도 있고 저주할 수도 있는데, 제가 듣기로는 아내를 계속 저주해서 그렇게 된 것 같네요"라고 말했다.

나의 말은 그를 화나게 했고 그는 내 쪽으로 몸을 기울이며 "나는 마인드 컨트롤을 할 수 있는 무술을 배웠습니다. 당신을 들어서 저 벽에 던질 수 있어요"라고 말했다. 나는 "저는 성경을 공부했으니 당신에게서 그 영을 쫓아낼 수 있습니다"라고 맞받아쳤다.

우리는 잠시 서로를 노려보다가 내가 먼저 말했다. "저는 이제 가봐야겠어요." 그리고 '축복의 힘'에 대해 강의한 CD 몇 장을 작별 선물로 주었다. 몇 달 후 나는 다시 휴스턴 지역에서 사역하고 있었는데, 그 남자가 다른 얼굴이 되어 다가와서는 "저 기억하세요?"라고 물었다. 나는 속으로 생각했다. '물론 기억하지요. 당신은 마인드 컨트롤로 생각을 조종한다던 그 사람이잖아요.' 나는 "네, 기억납니다"라고 대답했다.

미소 짓는 그의 모습이 조금 의아했다. 그는 "소개할 사람이 있어요" 하면서 어떤 여성에게 손짓했다. 나는 속으로 '결국 이혼하고 새 아내를 얻었구나' 생각했다. 그러나 그는 "결혼한 지 30년 된 제 아내입니다. 목사님께 소개하고 싶었어요"라고 말했다. 나는 원래 말을 잘하는 편임에도 불구하고 그때는 할 말을 잃고 말았다.

그는 이렇게 말했다. "그날 목사님이 떠난 후, 제 아내가 변호사 사무실에 있는 동안 목사님께서 주신 CD들을 듣기 시작했습니다. 제가 아내를 저주했기 때문에 아내가 저에게 그런 반응을 보였다는 것을 깨달았고 아내가 집 안으로 들어섰을 때 '당신에게 못되게 굴어서 미안해'라고 사과했습니다. 그리고 CD에서 배운 대로 아내를 축복하기 시작했어요. '당신은 하나님께서 나를 돕기 위한 언약의 동반자로 주

173

신 사람이고, 내 마음의 기쁨이며, 주님이 원하시는 방식으로 남은 시간 동안 당신을 사랑할게'라고 말했어요."

그가 이 이야기를 들려주는 동안 그의 아내도 같은 마음인지 확인하고 싶어서 그녀의 얼굴을 살펴보았다. 그녀의 얼굴은 가로등처럼 환하게 빛나고 있었다. 그녀는 미소를 지으며 "저도 그를 진정으로 사랑했다고 말할 수는 없지만, 그의 말에서 진심이 느껴졌어요. 마치 액체로 된 사랑이 제 몸속으로 흐르는 것 같았고, 마치 신혼 때처럼 설레기도 했어요."

나는 내가 목격한 변화에 깜짝 놀랐다. 축복은 축복하는 대상만을 변화시키는 것이 아니라 그 변화의 시작이 바로 자신이라는 것을 깨달았다. 설령 축복한 대상의 변화가 눈에 보이지 않아도 당신 삶의 모든 영역에서 풍요로움이 넘쳐나기 시작하며, 당신의 마음이 변화되는 것을 느끼게 될 것이다.

축복은 이름의 변화를 가져온다

창세기 32장에는 형 에서에게 쫓겨난 야곱에 대한 흥미로운 이야기가 나온다. 에서는 자신이 약해진 순간에 동생 야곱에게 장자의 명분을 죽 한 그릇에 팔아넘긴 형이다. 하나님께서 야곱의 마음에 떠나온 고향과 가족에게 돌아가야 한다는 마음을 심어주시기 전까지 야곱과 에서는 20년 넘게 헤어져 있었다. 야곱은 돌아오던 중에 에서가 그를 만나기 위해 맹렬히 달려오고 있다는 소식을 들었다. 소식을 들은 야곱의 첫 번째 생각은 에서의 복수였다. 야곱은 두려운 나머지 재산과 가족을 두 그룹으로 나누어 최소한 일부는 살아남을 수 있도록 했다. 야곱은 여호와의 이름을 부르며 자신이 고향으로 돌아가는 것이 하나님의 뜻임을 하나님께 상기시켜 드렸다. 야곱은 에서를 달래고 그의 의도를 파악하기 위해 일행을 먼저 보내기로 결심한다.

창세기 32장 24-28절에는 주님과의 특별한 만남으로 이어지는 사건들이 묘사되어 있다,

> 야곱은 홀로 남았더니 어떤 사람이 날이 새도록 야곱과 씨름하다가 자기가 야곱을 이기지 못함을 보고 그가 야곱의 허벅지 관절을 치매 야곱의 허벅지 관절이 그 사람과 씨름할 때에 어긋났더라 그가 이르되 날이 새려 하니 나로 가게 하라 야곱이 이르되 당신이 내게 축복하지 아니하면 가게 하지 아니하겠나이다 그 사람이 그에게 이르되 네 이름이 무엇이냐 그가 이르되 야곱이니이다 그가 이르되 네 이름을 다시는 야곱이라 부를 것이 아니요 이스라엘이라 부를 것이니 이는 네가 하나님과 및 사람들과 겨루어 이겼음이니라

혼자 있었던 야곱은 어떤 남자와 씨름을 했다. 씨름은 히브리어로 '횃불'이라는 의미가 있다. 횃불과 씨름, 잘 연결이 안 된다. 씨름을 하려면 일단 가까이 다가가야 한다. 씨름이란 빛, 즉 횃불을 비추고 상대방을 진리의 빛으로 끌어당겨야 하는 것이다. 어떤 랍비들은 이 씨

름을 삶의 물질적인 측면을 의미하는 육신과 삶의 영적인 측면을 의미하는 마음 간의 씨름이라고 말한다. 횃불, 즉 이 씨름은 야곱의 삶의 더 큰 목적을 보여 주기 위한 것이었다.

야곱이 축복을 받기 위해서는 자기 이름이 사기꾼과 속이는 자라는 의미임을 고백해야 했다. 그의 이름이 하나님과 겨루어 이긴 자라는 의미의 이스라엘로 바뀌기 전까지 그는 축복을 받을 수 없었다. 이것은 곧 그의 성품이 변화되었음을 의미한다. 축복은 야곱의 과거 사실들에 기반한 것이 아니라, 하나님께서 야곱을 보시는 시선에 기반했음에 주목하라. 이는 하나님께서 그가 어떻게 되기를 뜻하셨는지에 대한 예언적 선포였다. 하나님은 이스라엘이라는 이름의 축복으로 하나님과 함께 승리하는 한 민족을 탄생시키기로 선택하셨다. 이야기의 결말은 형과의 관계 회복으로 아주 멋지게 마무리된다. 축복의 화폐에는 하늘에서와 마찬가지로 이 땅에서도 하나님 의도의 일부인 화해의 사역이 있다.

축복의 화폐에는 하늘에서 하나님께서 뜻하신 바대로, 이 땅에서도 화해가 이루어지도록 하는 것도 포함된다.

들춰내는 저주

노아가 농사를 시작하여 포도나무를 심었더니 포도주를 마시고 취하여 그 장막 안에서 벌거벗은지라 가나안의 아버지 함이 그의 아버지의 하체를 보고 밖으로 나가서 그의 두 형제에게 알리매 셈과 야벳이 옷을 가져다가 자기들의 어깨에 메고 뒷걸음쳐 들어가서 그들의 아버지의 하체를 덮었으며 그들이 얼굴을 돌이키고 그들의 아버지의 하체를 보지 아니하였더라 (창 9:20-23)

잠에서 깨어난 노아는 어린 아들이 자기에게 무슨 짓을 했는지 알고는 함과 그의 가족을 저주했다. 그는 가나안(함의 아들)을 저주하고 셈과 야벳(노아의 벌거벗은 몸을 가린 아들)을 축복하며 하나님께서 그들의 장막, 즉 그들의 가정과 소유를 넓혀 주시기를 구하였다(창 9:24-27 참조).

이 이야기의 요점은 다른 사람의 약점이나 부끄러운 모습을 드러낼 목적으로 섣불리 폭로하면 그에 따른 벌이나 저주를 받는다는 것이다. 아버지의 벗은 몸을 덮어준 두 아들은 축복을 받았다. 드러나야 할 것을 드러내는 것은 성령님이 하실 일이다. 공공의 부패와 부정을 말하는 것이 아니다. 그런 것들은 드러나야 한다. 내가 말하는 것은 누군가의 명예를 훼손하기 위해 그를 타락한 사람으로 보이도록 폭로하는 것이다. 만약 그런 의도가 있었다면 그로 인해 저주가 되돌아올 것이다.

노아가 장막 안에 있었다는 사실에 주목하라. 일부 연구에 따르면 당시 노아는 아내와 함께 있었다고도 한다. 노아가 밖에서 공개적으로 알몸을 드러내지 않았음에도, 함은 의도적으로 두 형제에게 노아의 치부를 드러내려 하였다. 요한일서 5장 16절은 "누구든지 형제가 사망에 이르지 아니하는 죄 범하는 것을 보거든 구하라 그리하면 사망에 이르지 아니하는 범죄자들을 위하여 그에게 생명을 주시리라 사망에 이르는 죄가 있으니 이에 관하여 나는 구하라 하지 않노라"고 말하고 있다.

성경은 우리에게 성령님의 도우심으로 그들이 죄를 깨닫고 돌이켜 생명이 보존될 수 있도록 기도하라고 한다. 성경은 다른 사람의 약점을 드러내고 자기 의를 드러내려는 동기를 갖고 다른 사람의 죄를 만천하에 지적하여 외치라고 말하지 않는다. 사망에 이르는 죄를 짓는 사람이란 지속적으로 죄를 지으며 회개하지 않는 강퍅한 사람 혹은 성령님을 훼방하고 하나님을 향한 마음이 없는 사람을 의미할 것이다.

나는 성령님께서 우리가 수치와 조롱을 면할 수 있도록 역사하시는 회개의 세 단계가 있다고 생각한다. 첫 번째 단계의 회개는 성령님께서 우리 마음의 은밀한 처소로 임하실 때다. 이곳에서 우리는 개인적 회개와 죄에서 돌이킴에 이르는 깨달음을 얻을 수 있다.

두 번째 단계는 첫 번째 단계에서 회개하지 않고 성령님께서 비밀히 주신 책망에 반응하지 않고 지속적으로 범죄할 때 일어난다. 이 단계에서는 나단 선지자가 밧세바와 간음한 다윗에게 나아갔을 때처럼 하나님께서 누군가를 보내실 수 있다. 나단은 다윗에게 비유를 말해주었고, 다윗은 남의 양을 훔치는 자는 죽여야 한다고 대답했다(삼하 12:1-5). 그리고 시편 51편에서 볼 수 있듯이 다윗은 회개했다.

세 번째 단계는 더욱더 그 죄를 드러낸다. 이 단계에서는 죄가 공개적으로 드러나고 숨을 방법이 없다. 지난 수년 동안 나는 성령님께서 책망하셨고, 앞의 각 단계가 있었음에도 불구하고 듣지 않았다고 생각되는 지도자들을 보았다. 그러면 주님은 그들이 깨어져서 회개의 영을 받기 바라는 자비로운 마음으로 그 일이 공개적으로 알려지게 하신다.

저주와 축복의 능력은 결국 당신의 선택에 있다. 나는 당신이 이것이 하늘이 응답하는 중요한 자산임을 깨닫기 소망한다.

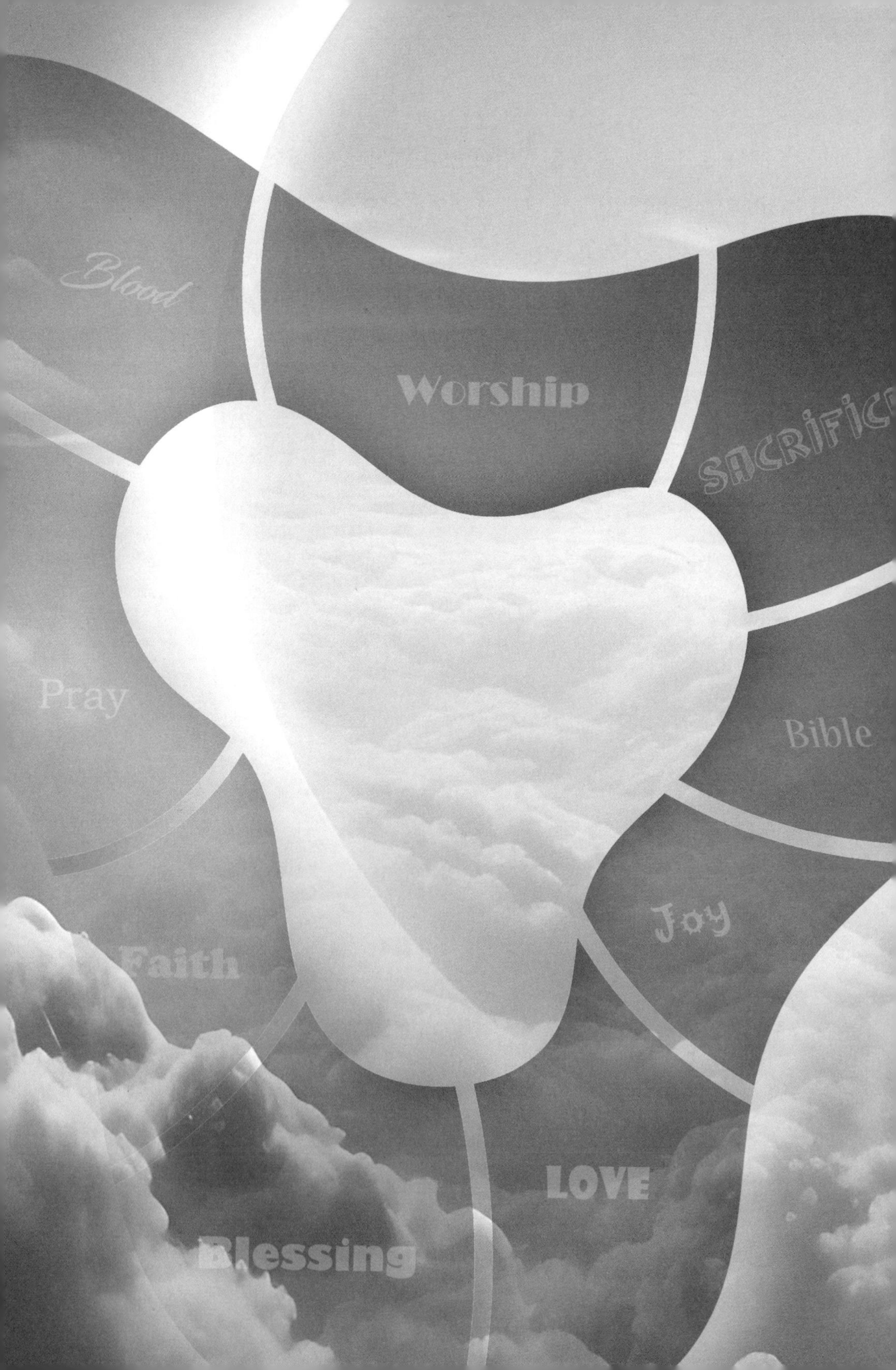
Blood
Worship
SACRIFIC
Pray
Bible
Joy
Faith
LOVE
Blessing

Chapter **8**

기도의 화폐

이 장에서 나의 목표는 기도하도록 설득하는 것이 아니라, 당신이 기도할 때 하늘의 영역에서 어떤 일이 일어나는지를 보여 주는 것이다. 또한 기도가 역사하는 과정과 하나님 보좌의 방에서 기도가 어떤 주목을 받는지 이해하여, 당신이 더 의지를 가지고 더 자주 기도할 수 있기를 바라는 마음이다. 기도는 어쩌면 기독교계에서 가장 많이 언급되는 주제이면서도 가장 적게 사용되는 주제일 것이다. 우리는 다른 사람들에게 우리가 그들을 생각하고 있다는 것을 알리기 위한 방법으로 기도라는 용어를 사용한다. 그렇다면 왜 기도는 천국을 활성화하는 데 있어 가장 간단한 수단이면서도 가장 적게 사용되는 것일까? 나는 우리가 천국 계좌를 이해하고 그 계좌에 자산을 예치하는 데 기도가 얼마나 많이 사용되는지 이해하면, 더 열심히 저축하려고 노력할 것이다.

요한은 요한계시록 5장 8절에서 이렇게 말한다. "그 두루마리를 취하시매 네 생물과 이십사 장로들이 그 어린 양 앞에 엎드려 각각 거문고와 향이 가득한 금 대접을 가졌으니 이 향은 성도의 기도들이라."

성경에서 향은 구름과 같이 하나님의 임재를 나타내며, 하나님의 백성이 그분께 올려 드리는 기도의 목소리다. 또한 달콤한 향이 올라가는 것은 하나님과 그분의 성도들 사이의 친밀한 교제를 상징한다. 기도는 구약보다는 신약에서 더 직접적으로 연결된다.

구약에서는 제사장이 하나님과 인간 사이의 중재자 역할을 했다. 이는 인류가 하나님을 거부했기 때문이다. 모세가 백성을 이끌고 시내산에 다다랐을 때 하나님은 불과 진동으로 산 위에 나타나셨다. 그런 광경을 한 번도 본 적 없었던 백성은 모세에게 자기들을 대신해 가서 하나님과 대화해 달라고 말했다. 히브리인들은 하나님의 임재에서 멀리 떨어져 있는 것으로 만족했다. 그러나 모세는 자기 손으로 직접 행한 기적들보다도 더 많은 것을 경험하기 원했다. 출애굽기 33장에서 모세는 하나님 임재의 현상들뿐 아니라 하나님의 영광 그 자체를 보여 달라고 구했다. 모세는 우리가 영광이라고 부르는 하나님의 성품 본질 안으로 들어가기를 원했다. 그 만남을 통해 하나님은 모세와 그의 형제 아론, 특히 레위 지파를 통해 제사장 직분을 세우셨다. 레위 지파의 제사장 직분이 탄생한 것이다. 그들은 하나님께 백성을 대변하고 백성에게는 하나님을 대변했다. 그리고 소수의 선택된 선지자만이 하나님의 음성과 말씀을 말하거나 들을 수 있었다.

예수님은 레위 지파가 아닌 유다 지파 출신이지만, 자신의 제사장 직분으로 백성과 하나님을 다시 연결하기 위해 오셨다. 예수님은 아버지 하나님과의 친밀한 교제를 허락하지 않았던 기존의 제사장 직분의 틀을 깨고 하나님의 아들이신 자신을 통해 우리가 하나님께 직접 나아갈 수 있게 하셨다. 그렇기에 언약은 우리가 더 큰 믿음을 가지고 효과적으로 기도하기 위해 이해해야 할 아주 중요한 개념인 것이다.

요한복음 16장 23절은 "그 날에는 너희가 아무 것도 내게 묻지 아니하리라 내가 진실로 진실로 너희에게 이르노니 너희가 무엇이든지 아버지께 구하는 것을 내 이름으로 주시리라"고 말한다.

예수님께서 말씀하신 그날은 재림하신 예수님이 아버지 우편에 앉으실 때를 가리킨다. 이제 우리의 기도는 예수님의 보혈로 인해 승인되었고, 그분의 부활로 구속의 값을 지불하였다. 그래서 예수님은 우리를 아담이 타락하기 이전의 하나님의 원래 계획으로 다시 되돌려 놓으셨다. 하나님의 영광이 아담과 하와에게서 떠나기 전에는 하나님과의 소통이 매우 자연스럽고 일반적이었다. 그들은 지상에 존재하는 하나님의 본거지였던 에덴동산에서 하나님의 걸음걸이나 움직이는 소리에 이끌렸었다.

태초부터 하나님이 원하신 것은, 하나님의 피조물인 우리 안에 있는 하나님의 형상이 그분과 소통하여 그분이 원하시는 바와 계획을 알 수 있도록 하는 것이었다. 예수님께서는 요한복음 14장 13-14절에서 "너희가 내 이름으로 무엇을 구하든지 내가 행하리니 이는 아버지로 하여금 아들로 말미암아 영광을 받으시게 하려 함이라 내 이름으로 무엇이든지 내게 구하면 내가 행하리라"고 말씀하신다. 예수님은 빌립에게 "나를 본 자는 아버지를 보았거늘"이라고 말씀하신 것처럼 아버지를 드러내기 위해 오셨음을 분명히 하셨다(요 14:9).

기도란 아버지께 나아갈 권리를 가지신 예수님의 이름을 사용하는 것이며, 예수님은 기도에 응답하심으로 아버지께 영광 돌리기를 원하신다. 즉 예수님께서는 기도에 응답하실 능력과 권능을 가지신 하나님을 높여 드리는 것이다. 예수님의 이름을 사용한다는 것은 그저 기도의 끝에 그분의 이름을 언급한다는 것이 아니다.

"다른 이로써는 구원을 받을 수 없나니 천하 사람 중에 구원을 받을 만한 다른 이름을 우리에게 주신 일이 없음이라 하였더라"(행 4:12).

천군 천사의 대장되시는 예수님의 이름은 하늘의 모든 것을 작동시킬 수 있는 이름이다.

"이러므로 하나님이 그를 지극히 높여 모든 이름 위에 뛰어난 이름을 주사 하늘에 있는 자들과 땅에 있는 자들과 땅 아래에 있는 자들로 모든 무릎을 예수의 이름에 꿇게 하시고"(빌 2:9~10).

유대 문화에서 남자아이들은 보통 열세 살이 되면 성년이 된다. 히브리어 바(bar)는 아들 혹은 '~의 가문 출신'이라는 의미다. 바 미츠바(bar mitzvah)는 아들이 성인이 되었음을 의미하며, 이제 그 아들은 자기 가문의 이름으로 사업을 할 수 있게 된다. 예수님이 요단강에서 요한에게 세례를 받으실 때 하늘이 열리고 "이는 내 사랑하는 아들이요 내 기뻐하는 자라"고 하시는 음성이 들렸다(마 3:13~17). 이는 유대인 아버지가 바 미츠바 때 자기 아들에게 선포하는 말과 비슷하다. 예수님은 이 땅에서 인류의 육신을 입고도 죄 없이 승리하셨고, 이제 아버지의 독생자이자 그분의 이름으로 하늘과 땅에서 사업을 하실 수 있는 분으로 우리를 위해 중보하고 계신다.

이제 예수님의 이름에 담긴 의미를 조금이나마 알게 되었으므로, 우리는 우리의 기도가 능력이 있다는 확신을 가지고 기도해야 한다. 기도 없이는 아무 일도 일어나지 않는다는 말을 들었을 것이다. 이제 우리는 그분의 이름 없이는 기도에 아무런 권세가 없다는 것을 알았다. "경찰이다, 꼼짝 마!"라고 소리치는 경찰관은 법의 테두리와 권한 안에서 일할 때 그의 권위를 행사할 수 있다.

하나님의 말씀인 성경은 우리가 예수님의 이름으로 무엇이든지 구하면 아버지께 영광을 돌리시기 위해 그분께서 그 일을 행하신다고 말한다. 그러나 많은 사람이 말씀의 한계와 성령님에게서 벗어나서 이것을 받아들인다. 예를 들어 내 삶을 향한 하나님의 소망과 계획이 아닌 것을 구한다면, 하나님은 그 일을 행하시지 않을 것이다. 왜냐하면 그것은 하나님의 뜻을 드러내거나 영화롭게 하지 않기 때문이다. 예수님께서는 마귀가 시험할 때 돌에게 빵이 되라고 명령하지 않으셨다. 그렇게 할 수 있는 능력과 권세가 있지만 그렇게 하지 않으신 이유는 두 가지다. 첫째는 마귀의 속임수에 굴복하지 않기 위해서고, 둘째는 예수님은 자신의 욕망을 채우기 위해 권세를 사용하시는 분이 아니기 때문이다.

내 집은 기도하는 집이라 일컬음을 받으리라

마태복음 21장 13절은 "그들에게 이르시되 기록된 바 내 집은 기도하는 집이라 일컬음을 받으리라 하였거늘 너희는 강도의 소굴을 만드는도다 하시니라"고 말한다. 예수님이 나귀를 타고 마지막으로 예루살렘에 입성하실 때, 즉 승리의 입성이라고 알려진 그 순간 군중은 "호산나 다윗의 자손이여 주의 이름으로 오시는 이를 찬송하리로다"라고 외쳤다(마 21:1-9). 예수님은 성전에서 부패한 환전상들이 사기를 치고, 돈으로 제물을 사고팔고, 흠이 있는 짐승을 희생 제물로 파는 모습을 보셨다. 우리가 잘 알고 있는 이 구절에서 예수님은 이사야서 56장 7절을 인용하여 그분의 기도의 집이 유대인뿐만 아니라 모든 민족에게 개방될 것이라는 약속을 선포하셨다.

그 당시 성전에는 제사장의 율법과 규례가 존재했다. 그래서 이 구절에는 기도를 드리는 장소로서의 성전 이상의 의미가 담겨 있는 것이다. 히브리서 3장 6절은 "그리스도는 하나님의 집을 맡은 아들로서 그와 같이 하셨으니 우리가 소망의 확신과 자랑을 끝까지 굳게 잡고 있으면 우리는 그의 집이라"고 말한다. 예수님의 부활 이후 예루살렘 성전은 더는 하나님의 유일한 성전이 아니게 되었다. 우리가 곧 하나님의 성전이자 기도의 집이 된 것이다. 예수님은 우리로부터 죄를 몰아내시고 우리를 기도와 예배의 장소로 만드셨다. 언제 어디서든 당신이 기도하기로 마음먹은 곳에서, 믿음의 주요 온전하게 하시는 예수님께서 우리의 제사장이 되어 주시는 것이다. 이제는 그분이 자기 집의 책무를 맡으신 제사장이시다.

히브리서 3장 1절은 "그러므로 함께 하늘의 부르심을 받은 거룩한 형제들아 우리가 믿는 도리의 사도이시며 대제사장이신 예수를 깊이 생각하라"고 말한다. 우리는 기도할 때 예수님께서 우리의 기도를 그분의 이름으로 아버지께 올려 드린다고 고백한다. 이 말은 곧 나의 기도가 마땅한 곳에 착륙하지 못하고 우주를 떠돌고 있지 않음을 알게 해준다. 예수님의 이름은 우리의 기도가 제때 은혜의 보좌에 도달하여 우리가 하나님의 도우심을 응답받을 수 있도록 보장해 주는 우편번호 같은 것이다.

기도의 동역자이신 성령님

성령님은 우리가 우리의 능력을 초월하는 언어, 즉 천국의 언어를 우리를 통해 사용하시도록 허락해 드릴 때 우리의 기도 동역자가 되신다. 성령 세례는 우리의 영적 여정에서 매우 중요하다. 바울은 로마서 8장 26-27절에서 이렇게 기록한다.

이와 같이 성령도 우리의 연약함을 도우시나니 우리는 마땅히 기도할 바를 알지 못하나 오직 성령이 말할 수 없는 탄식으로 우리를 위하여 친히 간구하시느니라 마음을 살피시는 이가 성령의 생각을 아시나니 이는 성령이 하나님의 뜻대로 성도를 위하여 간구하심이니라 많은 사람이 기도하지 않는 가장 첫 번째 이유는 무엇을 위해 기도해야 할지, 어떻게 기도해야 할지, 또는 응답받기 원하는 것에 대해 기도할 때 어떤 단어를 사용해야 할지를 모르기 때문이다. 해결책은 성령님께서 기도할 수 없는 우리를 돕기 위해 우리와 함께하신다는 사실을 인식하는 것이다. 성령님께서는 심지어 우리가 더 효과적인 기도 생활을 할 수 있도록 기도해 주실 것이다. 성경에 분명히 말씀하신 대로 하나님께서는 '성령님의 마음'을 아시며, 성령님은 하나님의 뜻에 따라 우리를 위해 중보하신다. 성령님과 동역하면 추측으로 기도하지 않아도 된다.

성령님은 천지창조 때도 계셨고, 하나님의 말씀이 인류에게 주어질 때도 함께하셨다. 따라서 그분은 우리 안에 계시는 최고의 기도 동역자다. 요한복음 14장 26절은 "보혜사 곧 아버지께서 내 이름으로 보내실 성령 그가 너희에게 모든 것을 가르치고 내가 너희에게 말한 모든 것을 생각나게 하리라"고 말한다.

예수님께서 아버지께로 돌아가셔서 그분과 언약을 맺은 사람들을 위한 중보자의 자리에 앉으셨을 때, 하나님께서는 성령님을 보내셨고, 성령님은 예수님께서 제자들과 함께하셨던 것처럼 우리와 함께하실 뿐만 아니라 우리 안에 거하기 위해 들어오셨다(히 9:24). 이렇게 생각해 보라. 신약에서 하나님은 우리 안에 거하기 위해 언약궤라는 상자 밖으로 나오신 것이다. 우리는 모두 보혜사 성령님이 내주하시는 성전이다. 우리는 시간과 공간의 개념을 재정립해야 한다.

보통의 사고방식은 하늘을 올려다보며 천국은 수십 광년 떨어진 곳에 있으며, 하나님은 우리의 생각이 헤아릴 수 없을 정도로 멀리 계신다고 생각한다. 하지만 하나님께서 내 숨결만큼이나 가까이 계신다는 것을 깨닫고 믿는다면 기도하는 것이나 기도의 능력을 믿는 것이 그다지 어렵지 않을 것이다. 로마서 10장 6-8절은 이와 같은 진리를 조명해 준다.

믿음으로 말미암는 의는 이같이 말하되 네 마음에 누가 하늘에 올라가겠느냐 하지 말라 하니 올라가겠느냐 함은 그리스도를 모셔 내리려는 것이요 혹은 누가 무저갱에 내려가겠느냐 하지 말라 하니 내려가겠느냐 함은 그리스도를 죽은 자 가운데서 모셔 올리려는 것이라 그러면 무엇을 말하느냐 말씀이 네게 가까워 네 입에 있으며 네 마음에 있다 하였으니 곧 우리가 전파하는 믿음의 말씀이라

바울 사도는 누구보다도 천국의 계시를 많이 받았으며, 하나님께서 우리와 연결되셔서 성령님을 통해 우리의 입속에도 임재하심을 설명했다. 그 때문에 우리는 하나님과 시간과 공간에 의해 분리되어 있어서 우리의 기도가 그것들을 뚫고 하나님께 다다르기를 소망해야 할 필요가 없다. 말씀은 믿음을 통해 우리 안에 내주하시는 것이다.

만약 당신이 힘든 상황에서 어떻게 기도해야 할지, 어떤 말로 기도해야 할지 막막할 때 잠시 멈추고 성령님의 도우심을 구하라. 그리고 그분께서 당신을 통해 직접 기도하실 것을 신뢰하라. 기도의 흐름이 시작되기 위해서는 당신의 협력이 필요하지만, 그다음부터는 하나

님께서 이미 당신을 위해 마련해 놓으신 것에 따라 성령님께서 광속으로 진행하실 것이다. 그분은 실제로 아주 가까이 계시고, 당신이 전투에서 승리할 수 있도록 열심을 내신다. 그분은 우리 없이는 싸우지 않지만, 분명 우리의 전투에 함께하시고 심지어 그 전투를 직접 이끄실 것이다.

그분은 우리의 승리를 방해하는 모든 죄를 깨닫게 하실 만큼 가까이 계신다. 그리고 마지막 때까지 우리 마음에 인쳐진 분이므로, 주님을 만날 수 있도록 우리를 준비시키는 방법을 알고 계신다.

언약은 효과적인 기도의 열쇠다

기도와 주님과의 교제에 있어서 내가 한 가장 큰 발견은 언약이다. 나는 언약과 언약의 진정한 의미야말로 신약에서 가장 간과되는 주제 중 하나라고 생각한다. 우리가 언약을 이해할 때, 기도에 대한 우리의 믿음과 확신은 기하급수적으로 증가하게 된다. 첫째로 우리는 하나님께서는 언약 없이는 아무것도 하지 않으신다는 것을 알아야 한다. 그분이 이제껏 행하셨고 앞으로 행하실 모든 것은 그분의 언약 때문이다.

성경적으로 계약과 언약에는 큰 차이가 있다. 계약은 약속이나 합의를 이행할 수 있는 동등한 능력이 있는 두 당사자 간의 합의다. 계약은 마치 주택 담보 대출과 비슷하다. 사람 사이의 합의에는 어떤 일이든 일어날 수 있으며 계약도 깨질 수 있다.

우리가 아무리 계약서의 문구를 신뢰한다 해도, 계약 당사자들의 능력 안에서만 신뢰할 수 있는 것이다. 하지만 언약은 다르다. 하나님께서는 우리가 그 합의를 지키느냐 지키지 않느냐와 상관없이 우리를 향한 그분의 말씀에 신실하시기 때문이다. 만약 하나님께서 언제든지 우리에게 하신 약속을 파기하거나 철회하실 수 있다고 생각한다면, 우리의 기도는 쉽게 흔들릴 것이다.

첫 번째 언약은 아담과 그의 아내 하와 사이의 결혼 언약이었다. 언약을 뜻하는 히브리어는 '자르다'라는 뜻의 베리스(beriyth)다. 아담과 하와의 경우 아담의 옆구리가 열리고 그의 뼈로 여자가 만들어졌다. 그렇기에 우리가 잘 아는 창세기 2장 23절의 "아담이 이르되 이는 내 뼈 중의 뼈요 살 중의 살이라 이것을 남자에게서 취하였은즉 여자라 부르리라"는 말씀이 있는 것이다. 예수님도 옆구리가 찔리셨을 때 우리와 언약을 맺으셨고, 그로 인해 그 상처는 우리가 그분의 옆구리에서 취한 신부라는 언약의 보증이 되었다.

아담은 인간이 언약을 지킬 수 없으며, 오히려 깨뜨리는 존재임을 보여 주었다. 현대의 결혼은 50퍼센트 이상이 언약을 깨고 이혼으로 끝이 난다. 언약이 깨지면 두 당사자가 함께 가졌던 능력은 깨어지고 분열되어 그 힘을 잃게 된다. 마귀는 언약을 깨는 영을 통해 우리를 분열시키고, 우리가 지옥문 앞에서 나약하고 무력해진다는 것을 잘 알고 있다. 이것에 대한 하나님의 해결책은 예수님이셨다. 하나님께서는 그분 언약의 성취를 인간에게 의존하실 수 없었다.

천국 화폐의 개념이 나오는 창세기 15장에서 이와 같은 원리가 적용되는 것을 볼 수 있다. 5절에서 하나님은 아브람에게 장막 밖으로 나와 하늘을 올려다보고 별을 세어 보라고 부르신다. 하나님께서는 아브람이 자기 유업과 자손들이 셀 수도 없을 만큼 많게 될 것을 그가 직접 보기를 원하셨다. 6절에서 아브람은 그것을 믿음으로 하나님께 의롭다고 인정받았다. 그리고 8절에서 아브람은 하나님께 "내가 그것을 받을 것을 어떻게 알 수 있습니까?"라는 적법한 질문을 한다. 10-12절에서 하나님은 그분의 약속이 번복되거나 파기되지 않을 것이라는 확신을 주신다. 하나님께서는 아브람에게 제물로 사용할 짐승을 준비하라고 지시하셨다. 하나님은 아브람에게 짐승들을 반으로 자르고 각 반쪽을 서로 마주 보게 놓으라고 하셨다. 아브람이 제물 준비를 마치고 해가 질 무렵, 아브람에게 깊은 잠이 임했다.

> 해가 져서 어두울 때에 연기 나는 화로가 보이며 타는 횃불이 쪼갠 고기
>
> 사이로 지나더라 그 날에 여호와께서 아브람과 더불어 언약을 세워…
>
> (창 15:17-18)

제물 사이에 두 요소가 지나갔는데, 이것은 아브람을 위해 언약을 맺으시는 아버지와 아들이었다. 인간은 이미 언약을 지킬 수 없다는 것을 보여 주었기 때문에 하나님은 아담과 언약을 맺을 때처럼 아브람을 잠들게 하셨다. 다만 이번에는 파기될 수 없는 언약이 맺어졌다. 나는 아브람의 언약은 실제로 하나님 아버지와 하나님의 아들 사

이의 언약이라고 말하고 싶다. 이것이 중요한 이유는 아들이신 예수님이 언약을 깬 인류를 대표하여 우리를 아버지의 집으로 돌아갈 수 있게 회복시켜 주셨기 때문이다.

우리의 기도가 응답되는 것은 우리가 흠 없는 삶을 살아서가 아니라 예수님께서 하나님 아버지와 맺으신 언약 때문이다. 출애굽기 12장에서처럼 어린양의 피를 문설주에 바르자 죽음의 천사가 그 집을 지나간 것처럼, 피는 하나님과 그분의 아들, 즉 우리를 변호하는 보혈을 흘리신 죽임당한 어린양 예수님 사이의 언약을 상징한다.

신약 성경에는 디아데케(diatheke)라고 불리는 또 다른 유형의 언약이 나온다. 이는 마치 부부가 비싼 집을 구입하는 것과 같으며, 이 집을 구입하기 위해서는 돈을 빌리거나 대출을 받아야 한다. 집을 사는 사람의 신용이 좋지 않아 대출을 받지 못하는 경우에는 보증인과 함께 보증서에 서명할 수 있다. 이 경우를 공동 서명인 혹은 성경적 용어로 '디아데케'라고 한다. 디아데케는 그 집의 혜택을 누리는 대출인이 대출금을 갚지 못할 경우 모든 책임을 지게 된다.

우리의 주님이자 구세주이신 예수 그리스도와 완벽하게 일치한다. 그분은 우리의 모든 죄를 짊어지시고 우리가 영원한 고통 속에서 하나님과 영원히 분리되는 죄의 삯인 죽음을 치를 필요가 없도록 영원한 생명을 풍성히 주셨다. 예레미야서 31장 33절은 하나님께서 그분의 아들을 통해 우리에게 주신 언약에 관해 설명한다. 예레미야는 하나님께서 맺으실 언약이 백성의 마음과 생각에 기록되어 우리가 그분의 백성이 되고 그분은 우리의 하나님이 되실 것을 예언한다. 이 언약의 믿음이 있으면 성령님께서 인치신 하나님과의 관계가 보장될 뿐 아니라, 우리의 디아데케 되시는 예수님께서 우리 마음의 부르짖음을 들으시고 동의하신다는 것을 믿고 기도할 수 있다.

언약에 힘입어 그분의 말씀 위에 굳게 서기

1980년 교회 개척을 위해 타일러로 이사할 때, 이곳에서 소유한 전 재산을 실은 트럭을 몰고 가던 바로 그날에 하나님의 약속을 받았다. 주님께서 새로운 도시로 인도하신다는 감동이 있었지만, 여전히 그 도시가 낯설게 느껴졌다. 나는 이때까지 이 정도의 모험을 한 적이 없었다. 당시 우리에게는 두 아이가 있었고 이 아이들의 조부모로부터 800킬로미터나 떨어진 곳으로 이사 간다는 것은 두렵고 불안한 일이었다.

목적지까지 두 시간 정도 남았는데 참을 수 없을 정도로 가슴이 답답했다. 차를 돌려 익숙했던 곳으로 돌아가고 싶은 마음이 굴뚝같았다. 텍사스주 댈러스 외곽 어딘가에 트럭을 세우고 운전대에 머리를 기댔다. 타일러에는 가족도 없고 나를 도와줄 그 어떤 것도 없었다. 나는 마치 가까운 가족을 떠나보낸 것처럼 아픈 마음과 내가 왜 이토록 슬픈지를 주님께 부드럽게 말씀드렸다. 나는 그저 내 감정을 토로하려는 것이었기 때문에 주님으로부터 어떤 응답을 기대하지는 않았다.

몇 분 후 마음속 깊은 곳에서 주님이 말씀하시는 것을 들었다. 내가 느끼는 감정과 달라서 주님이라는 것을 알았다. 하나님은 가득 차

195

있는 나의 자기 연민을 재확인시켜 주는 대신 매우 다정하게, 내가 타일러에서 그분이 하라고 하는 일을 하면 내 가족을 돌보아 주실 것이고 나에게 부족함이 없을 것이라고 말씀하셨다. 특히 하나님은 "내가 너와 너의 가족 모두를 치유하는 너의 주 하나님이 될 것이다" 라고 말씀하셨다. 나는 다시금 계속 나아갈 수 있는 내면의 새 힘을 얻었다.

나의 감정에 굴복한 나머지 주님의 음성을 듣지 못했다면 아마도 많은 것을 놓쳤을 것이다. 타일러에 온 지 몇 달 되지 않아서 막내 크리스틴(Kristen)의 귀에 염증이 생겼다. 너무 아파서 우는 크리스틴의 울음은 견딜 수 없는 고통이었다. 나는 아이가 편안해질 수만 있다면 그 고통을 대신 짊어지고 싶었다.

다음 날 크리스틴을 소아과에 데려갔다. 크리스틴의 상태를 살펴본 의사는 급성 염증이라고 진단하였고 항생제로는 치료할 수 없다고 하였다. 의사는 양쪽 귀에 튜브를 삽입해서 염증을 빼는 수술을 권유했다. 크리스틴은 이른 아침에 수술받기로 했다. 집으로 돌아온 우리는 크리스틴의 방에서 주님께 부르짖었다. 성령님께서는 불과 몇 달전 길가에서 하신 약속을 떠올려 주셨다. 나는 그날 내 영으로 들었던 말씀을 그대로 암송했다. 나는 민수기 23장 19절을 인용하여 기도했다. "하나님은 사람이 아니시니 거짓말을 하지 않으시고 인생이 아니시니 후회가 없으시도다 어찌 그 말씀하신 바를 행하지 않으시며 하신 말씀을 실행하지 않으시랴." 나는 기도 마지막에 "하나님, 타일러에서 주님께 순종하면 제 가족을 치료해 주실 거라고 말씀하셨습니다. 만약 제가 주님의 말씀을 잘못 들었다면 짐을 싸서 고향으로 돌아가겠습니다"라고 담대히 말씀드렸다.

다음 날 아침, 병원에 도착한 나는 찢어지는 가슴으로 크리스틴을 수술 담당 간호사에게 넘겨주었다. 간호사는 양쪽 귀를 수술할 것이며, 두어 시간 정도 걸릴 것이라고 말해 주었다. 기다리는 동안 나는 마음속으로 이사하려면 어디에서 트럭을 빌려야 할지를 생각하고 있었다. 나에게 있어서 이것은 내가 정말 하나님의 음성을 들었는지 아닌지를 확인하는 시험이기도 했다. 하나님께서 은총을 주시며 있으라고 한 곳에 내가 있는지에 대한 절대적인 확신이 없는 곳에 있고 싶지 않았다.

몇 분 후 수술 담당 간호사가 와서 어제 진찰받은 아이가 맞는지 확인했다. 나는 "네, 제 유일한 딸아이입니다"라고 대답했다. 그녀는 다시 수술실로 들어갔다. 나는 무슨 일이 있는지, 의료진이 아이에게 무슨 짓을 하는 건 아닌지 정말 걱정되었다. 10분도 채 지나지 않아 크리스틴을 데리고 나와서 이같이 말했다. "소아과 선생님이 수술 전에 한 번 더 검사했고 양쪽 귀를 자세히 살펴보았지만 아무 이상이나 문제를 발견하지 못했습니다."

그날 나는 하나님의 말씀과 언약은 나의 능력에 의존하지 않는다는 것을 배웠다. 내 가족을 치유하시겠다는 언약을 지키신 디아데케가 계셨기 때문이다. 시편 107편 20절은 "그가 그의 말씀을 보내어 그들을 고치시고"라고 말한다. 나에게 주신 하나님의 말씀은 내 딸에게 일어난 기적을 경험하기 위해 필요한 화폐였다. 기도는 그저 무언가를 구하기만 하는 행위가 아니라 우리가 그분을 알고 신뢰하기를 진정으로 원하시는 아버지와의 소통이다.

나는 주님과 대화한 내용을 기도 일기 형식으로 쓰기를 권한다. 당신이 구하는 내용뿐만 아니라 응답 과정을 인터넷 댓글이나 문자 메시지처럼 적는 것이다. 성령님의 음성과 주님께서 당신에게 말씀하신다고 느끼는 내용들을 적으면 된다. 성령님께서 하늘에 계신 아버지께 들은 말씀을 당신에게 알려 주실 것이다.

그리고 때때로 당신과 성령님 사이의 대화를 다시 읽어보라. 그렇게 할 때, 더 깊이 주님의 음성을 들을 수 있고 당신이 믿고 있는 약속들이 상기될 것이다. 당신이 기도했던 것들을 떠올리며 다시 기도로 올려 드리는 것은 마치 심겨진 씨앗에 물을 주는 것과도 같다.

성령님과의 대화들을 다시 살펴보는 것이 좋은 또 다른 이유는, 성령님께서 말씀하시는 것에 어떤 조건이 있었는지, 당신이 순복하거나 순종하지 않는 삶의 영역이 있는지를 살펴보기 위해서다. 순종은 상황을 당신에게 유리하게 변화시킨다.

기도란 아버지께 나아갈 권리를 가지신 예수님의 이름을 사용하는 것이며, 예수님은 기도에 응답하심으로 아버지께 영광 돌리기를 원하신다.

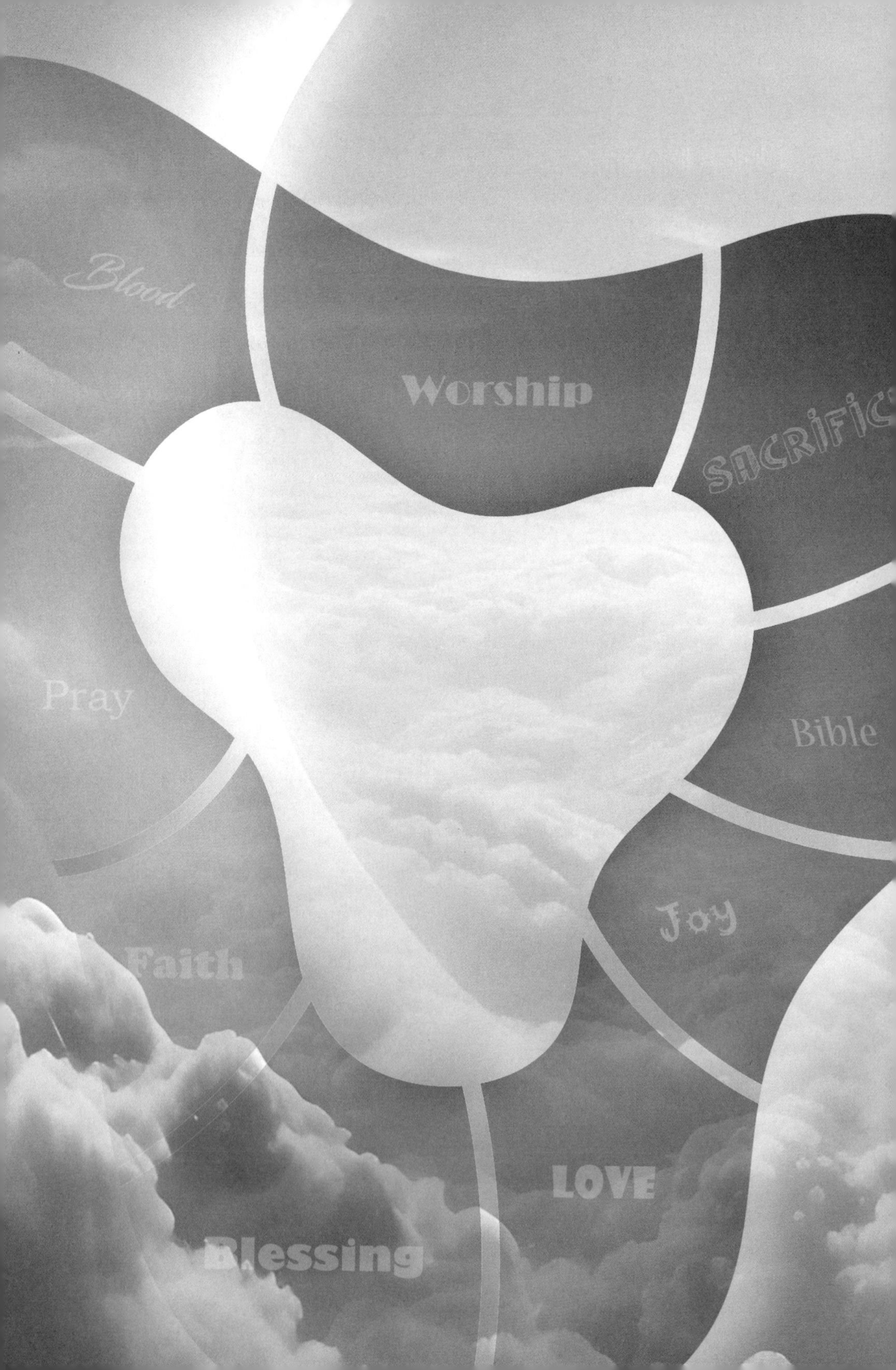

Blood
Worship
SACRIFIC
Pray
Bible
Joy
Faith
LOVE
Blessing

Chapter **9**

제사의 화폐

성경의 가르침에 의하면 천국 화폐는 천국이 우리를 위해 움직이게 만든다. 이 책에서 언급했듯이 천사들은 그분의 말씀과 음성에 반응한다(시 103:20). 또한 천국은 제사에도 응답한다. 제사가 무엇인지 구체적으로 정의하기 전에 미리 간단히 언급하면, 제물에도 여러 종류가 있는데 여기서는 금전적 제물, 즉 헌금만을 말하는 것은 아니다. 모든 제사의 핵심은 마음이다. 모든 제사는 그 사람의 마음을 드러낸다.

> 너희를 위하여 보물을 땅에 쌓아 두지 말라 거기는 좀과 동록이 해하며
> 도둑이 구멍을 뚫고 도둑질하느니라 오직 너희를 위하여 보물을 하늘에
> 쌓아 두라 거기는 좀이나 동록이 해하지 못하며 도둑이 구멍을 뚫지도
> 못하고 도둑질도 못하느니라 네 보물 있는 그 곳에는 네 마음도 있느니라
> (마 6:19-21)

마음은 혼의 내비게이션이다.

잠언 4장 23절은 "모든 지킬 만한 것 중에 더욱 네 마음을 지키라 생명의 근원이 이에서 남이니라"고 말한다. 여기서 '난다'는 인생의 길이나 방향이 나아가는 방향을 의미한다. 우리의 마음, 즉 우리의 혼이 우리의 생각을 결정하고 우리의 앞길을 정한다는 점을 상기시켜 준다. 잠언 저자는 우리가 강퍅해져서 하나님의 인도하심에 어떻게 반응해야 할지 모르지 않도록 마음을 지키라고 경고한다. 행동은 우리의 마음이나 혼의 외적인 표현이다.

예수님은 성전 헌금함 근처에 서 있다가 어떤 과부가 오늘날 가치로 계산하면 약 350원에 해당하는 동전 두 닢을 드린 것을 보셨다(막 12:43-44). 예수님은 그녀에 대해 이같이 말씀하셨다.

> 내가 진실로 너희에게 이르노니 이 가난한 과부는 헌금함에 넣는 모든 사람보다 많이 넣었도다 그들은 다 그 풍족한 중에서 넣었거니와 이 과부는 그 가난한 중에서 자기의 모든 소유 곧 생활비 전부를 넣었느니라

이 말씀의 요점은 마음의 문제는 양이 아니라 헌신의 질에 있다는 것이다. 이 여인은 구호품이나 가난한 사람들을 위해 마련된 헌금을 받을 자격이 충분했지만, 자신에게도 필요했던 그 돈을 헌금했다. 또한 자신이 가진 돈이 미미하다는 이유로 헌금하지 않고 간직하는 것을 정당화할 수도 있었지만, 소망을 둔 하나님께 드리기로 작정하고 드렸다. 이 땅에 천국을 임하게 하는 것은 마음의 헌신이지 돈의 액수

가 아니다.

> 각각 그 마음에 정한 대로 할 것이요 인색함으로나 억지로 하지 말지니 하
> 나님은 즐겨 내는 자를 사랑하시느니라 (고후 9:7)

봉헌물은 마음의 표현이기도 하지만, 드리는 태도 또한 매우 중요하다.

즐겁다는 뜻의 그리스어는 힐라로스(hilaros)다. 영어 단어 힐러리어스(hilarious, 유쾌한)가 이 단어에서 유래했다. 여기서 즐겁다는 것은 예배 행위인 봉헌에 준비가 되어 있고 기대한다는 것을 의미한다. 이 구절의 나머지 부분에서는 드림의 또 다른 면을 설명하는데, 무엇을 드릴 것인지 먼저 우리 마음에 목적을 정하는 것이다. 이는 그저 반응하듯이 드리는 것이 아니라 드리기 전에 먼저 의지적으로 생각해야 한다는 것이다. 따라서 이 구절은 우리가 무엇을 하거나 드릴 것인지 먼저 결정하고, 드리기를 기대하라는 의미로 요약된다. 결국 하나님은 우리가 미리 생각하고 기쁨으로 드리는 제사에 주목하신다는 것이다.

천국의 관점에서는 헌금 자체의 가치가 아닌 드리는 것에 온전히 헌신된 마음이다. 사무엘상 16장 7절은 이에 대한 완벽한 예다.

> 여호와께서 사무엘에게 이르시되 그의 용모와 키를 보지 말라 내가 이미
> 그를 버렸노라 내가 보는 것은 사람과 같지 아니하니 사람은 외모를 보거
> 니와 나 여호와는 중심을 보느니라 하시더라

하나님께서 이스라엘의 왕을 선택하실 때 사무엘에게 겉모습을 보고 택하지 말라고 하셨다. 왜냐하면 하나님께서는 마음을 보시기 때문이다. 어떤 것이 천국의 관심을 끌고, 어떤 것이 천국 계좌에 예치되는지를 이해하려면 천국의 관점을 이해해야 한다.

예수님은 마태복음 6장에서 우리가 어떻게 하나님의 차원에 들어갈 수 있는지를 이해할 수 있는 모델이 되는 기도를 알려 주셨다. 하나님을 아버지라고 부르고 그분의 나라가 이 땅뿐만 아니라 우리 마음에도 임하여 다스리도록 모셔 들이라고 하셨다. 우리는 마음을 다스리는 것에 우리의 헌신과 관심을 쏟는다. 또한 예수님은 "뜻이 하늘에서 이루어진 것 같이 땅에서도 이루어지이다"라고 기도하라고 가르쳐 주셨다. 지금 유행하는 대중문화가 아니라 천국의 관점에 우리의 마음을 맞춰야 한다.

시편 50편 21절은 이 점을 매우 분명하게 말한다. 하나님은 "네가 이 일을 행하여도 내가 잠잠하였더니 네가 나를 너와 같은 줄로 생각하였도다 그러나 내가 너를 책망하여 네 죄를 네 눈 앞에 낱낱이 드러내리라"고 말씀하셨다.

나는 하나님께서 우리와 같지 않으심에 감사한다. 그렇지 않았다면 우리가 하나님의 계획보다 앞서 나간 나머지 준비되지 못할 수 있기 때문이다. 우리가 주님을 기쁘시게 하는 데 필요한 제사나 희생 제물이 무엇인지 알기 위해서는 성령님의 인도하심이 필요하다. 그분은 본질상 우리와 같지 않지만, 우리가 그분을 추구하고 그분의 임재를 원하도록 우리 안에 그분의 형상을 넣어 두셨다.

하나님의 관심을 끄는 예물

창세기 4장은 가인과 아벨에 관한 이야기다. 이 이야기의 초반에는 제물을 바칠 때가 되었다는 것 외에 다른 내용은 자세히 설명하지 않는다. 어쨌든 두 형제는 제물을 바침으로 하나님께 영광을 돌려야 한다는 것을 이해하고 있었다. 아벨은 양을 치는 사람으로, 가인은 땅을 경작하는 사람으로 묘사되었다. 한 사람은 목자이고, 다른 한 사람은 농부라는 점에서 대조적이다. 이 시점에서는 둘 중 누가 더 좋고 나쁘다고 할 것은 없다. 그들이 주님 앞에 제물을 드릴 때가 왔고, 이는 곧 주님 앞에 자기 마음을 보여 드리는 것이었다. 창세기 4장 3절에서 가인은 '땅의 소산'을 제물로 바친다. 땅은 아담과 하와가 하나님의 동산에서 타락했을 때 받은 저주를 상징한다.

하나님께서는 인류 첫 가족에게 더 이상 땅이 쉽게 소출을 내지 않을 것이며, 오직 땀을 흘려 일해야만 얻을 수 있다고 말씀하셨다(창 3:17). 가인은 자신이 일해서 얻은 것을 제물로 가져왔다. 아벨도 양의 첫 새끼를 가져왔다(창 4:4). 양은 당연히 피의 희생을 의미한다. 이제 두 제물을 대조해 보면서 두 마음도 대조해 보자. 사실 가인에 대한 자세한 설명은 없고, 그가 땅에서 난 소산을 제물로 가져왔다는 내용만 나온다. 아벨에 대해서는 그가 양떼에서 첫 새끼를 가져왔다는 내용이 나온다. 나는 아벨만 하나님께서 원하시는 제물이 무엇인지 알고 있었던 것은 아니라고 생각한다. 형제 모두 처음 난 것과 피의 제물이라는 두 가지 요구 사항을 알고 있었을 것이다. 가인은 자기 소산을 어린양의 제물과 바꿀 수도 있었지만, 자신이 드리고 싶은 것을 드렸다.

물론 여기에는 가정이 좀 들어 있지만, 이 장 뒷부분에 나오는 성경 구절을 통해 증명된다.

창세기 4장 4-5절은 다음과 같이 말한다. "아벨은 자기도 양의 첫 새끼와 그 기름으로 드렸더니 여호와께서 아벨과 그의 제물은 받으셨으나 가인과 그의 제물은 받지 아니하신지라 가인이 몹시 분하여 안색이 변하니."

'받으셨다'의 히브리어 원어는 '시선을 사로잡다, 인정받다, 받아들여지다'라는 의미다. 가인은 하나님께서 자기 제물보다 아벨의 제물을 더 기꺼이 받으셨다는 것을 알았다.

어떤 이들은 하나님께서 제물을 불로 태우셨다고 믿는데, 그랬다면 하나님께서 각 제물에 대해 어떻게 생각하셨는지, 어떤 제물을 받으셨는지가 아주 명확했을 것이다. 어떤 경우든 간에 가인은 아벨의 제물이 자기 제물과 달랐다는 것을 알고 있었다. 질투심에 휩싸인 가인은 아벨에게 어쩌면 하나님께 화풀이했고, 아벨은 이러한 가인의 분노 대상이 되었다. 하나님께서는 심지어 가인에게 그의 얼굴이 그의 속마음을 드러내고 있으며, 이러한 태도 때문에 죄가 그의 문지방에서 기다리고 있다고 경고하셨다. 가인의 분노는 아벨을 살해하는데 이를 정도로 차올랐다. 하나님은 가인에게 "네 아우의 핏소리가 땅에서부터 내게 호소하느니라"고 말씀하셨다(창 4:10). 가인에게 임한 저주는 그를 도망자이자 방랑자로 만들었고, 농부였던 그에게 땅도 더 이상 호의적이지 않게 되었다.

주님께 제사 드리는 일을 결코 가볍게 여겨져서는 안 되며, 매번 우리 마음의 상태를 점검해야 한다. 히브리서 11장 4절은 이렇게 말한다.

믿음으로 아벨은 가인보다 더 나은 제사를 하나님께 드림으로 의로운 자라 하시는 증거를 얻었으니 하나님이 그 예물에 대하여 증언하심이라 그가 죽었으나 그 믿음으로써 지금도 말하느니라

히브리서 11장 6절은 "믿음이 없이는 하나님을 기쁘시게 하지 못하나니 하나님께 나아가는 자는 반드시 그가 계신 것과 또한 그가 자기를 찾는 자들에게 상 주시는 이심을 믿어야 할지니라"고 말한다.

히브리서 구절의 또 다른 놀라운 관점은, 하나님께서 아벨의 예물에 대해 증언하셨고, 지난 6천 년 동안 그의 예물은 지금도 여전히 말하고 있다는 것이다. 아벨의 제사는 그가 가진 최고의 예물을 바침으로 하나님이 존재한다는 것을 증거했으며, 하나님께서 자신의 행동을 어떻게 보시거나 달아 보실지 미리 숙고했음을 보여 준다.

반대로 가인이 제물과 관련해서는 믿음을 가졌다는 언급이 전혀 없다. 믿음이 없다는 것은 그에게 하나님에 대한 고려가 전혀 없거나 그에게 의심이 있음을 보여 준다. 이 사건은 두 가지 가계적 성향을 보여 준다. 가인의 부모가 동산에서 뱀이 제기한 의심에 넘어갔던 것처럼, 가인도 하나님이 자기 제사를 거부하신 후 하나님에 대한 의심들에 넘어갔을 수 있다. 반면 아벨은 하나님께서 자신이 어떤 분이라고

말씀하신 것을 믿은, 그 가계의 구속사적 성향을 보여 주었다. 그래서 그의 제사에는 그런 면모가 드러난 것이었다. 아벨의 피에는 하늘을 향해 외치는 음성이 있었다. 반면에 가인의 음성에는 아담과 하와의 타락한 본성이 드러났다. 아벨의 피의 제사는 결국 하나님의 용납하심을 예언적으로 말해 주고 있으며, 이는 곧 하나님 자신의 희생, 하나님 자신의 피가 온 인류를 위해 말씀하시는 것이다.

원수를 멸한 제사

요한복음 3장 16절은 "하나님이 세상을 이처럼 사랑하사 독생자를 주셨으니 이는 그를 믿는 자마다 멸망하지 않고 영생을 얻게 하려 하심이라"고 선언한다. 성경의 핵심이기도 한 이 본문은 결국 제사에 관한 것이다. 하나님은 드리심을 통해 마귀의 일을 멸하셨기 때문에 예물의 모델을 세우셨다. 한번 생각해 보라. 우리 목에 메어 있는 노예의 멍에를 깨트린 것은 제물이었다. 하나님께서는 천사나 다른 제물을 보내신 것이 아니라 자기 아들을 이 땅에 제물로 보내셨다. 마귀는 그가 제물로 오실지는 꿈에도 생각하지 못했다, 알았더라면 하나님 아버지의 독생자를 십자가에 못박지 않았을 것이다(고전 2:8).

하나님은 아담의 불순종이 이 세상에 가져온 저주에서 우리를 구속하시기 위해 그분이 가진 것 중 가장 좋은 것을 우리에게 주셨고, 그 어떤 것도 아끼지 않으셨다. 드림은 마귀의 본성과 정반대다. 그래서 그 자체만으로 그를 완전히 무장 해제시킨다. 하나님의 본성은 주는 것이다. 그저 주는 것만이 아니라 그분이 가진 최고의 것을 주시는 것이다. 그것은 곧 하나님께서 우리를 얼마만큼 생각하시는지를 보여 준다.

요한일서 3장 8절은 "죄를 짓는 자는 마귀에게 속하나니 마귀는 처음부터 범죄함이라 하나님의 아들이 나타나신 것은 마귀의 일을 멸하려 하심이라"고 말한다. 하나님의 아들이 나타난 이유는 마귀의 일을 멸하기 위해서였다. 아벨의 제사는 훗날 제물을 통해 체결된 새 언약에 대한 예언적 이미지였다.

그리고 마태복음 5장 23-24절은 우리 제사의 의도가 어떤 것이어야 하는지를 확증해 준다. "그러므로 예물을 제단에 드리려다가 거기서 네 형제에게 원망들을 만한 일이 있는 것이 생각나거든 예물을 제단 앞에 두고 먼저 가서 형제와 화목하고 그 후에 와서 예물을 드리라."

예수님은 다시 한 번 예물이 열납되거나 거절되는 것은 우리의 마음에 따라 결정된다는 점을 강조하시며, 예물 자체보다 마음이 더 중요하다는 것을 보여 주신다. 우리는 단단한 마음의 상태에서는 응답받을 수 없다. 주님께 드리는 모든 것이 승인되거나 부결되는 것은 우리의 마음 상태에 달렸다.

그러나 좋은 소식은 우리가 마음의 문제를 바로잡으면 우리의 예물이 받아들여지고 하나님의 은총이 회복된다는 것이다. 화해는 예물을 드리기 전에 먼저 해야 하는 것이다. 사람 간의 관계는 마음의 문제가 되어 제사의 능력을 가로막는다. 때때로 어떤 사람들은 화해하기를 거부할 때도 있지만, 당신이 화해하려 노력했기에 당신의 마음은 더 이상 정죄 아래 있지 않고 자유롭게 된다.

예수님께서는 마태복음 23장 19절에서 "어느 것이 크냐 그 예물이냐 그 예물을 거룩하게 하는 제단이냐?"라고 물으신다. 예물도 중요하지만, 그 예물을 올려 드리는 제단이 그 예물을 거룩하게 하거나 아니면 더럽히는 것이다. 마음을 지키라는 말씀은 열납되지 않을 예물을 우리의 계좌에 드리지 않게 하시려는 매우 중요한 훈계다.

주님의 질문

때때로 나는 주님께서 하시는 질문들에 놀라곤 한다. 내 마음을 찌르는 그 질문들이 상상일 리가 없다는 것을 나는 잘 알고 있다. 하루는 설교가 예정된 집회에 운전하며 가던 중에, 주님께서 이렇게 말씀하셨다. "케리, 네가 하늘에서도 묶이는 바람에 땅에서도 묶일 수 있다고 생각하느냐?" 한 가지 확실한 것은 주님께서 이러한 질문을 나에게 하신다는 것은 내가 그 답을 모르고 있다는 의미다. 나는 트럭 안에 혼자 있었기 때문에 큰 소리로 "저는 그것이 마태복음 16장에서 베드로에게 주신 말씀이라는 것을 압니다. 우리에게 하늘에서 묶인 것을 묶을 수 있고, 하늘에서 풀어진 것을 이 땅에서도 풀어낼 수 있는 권세를 주셨지요"라고 대답했다.

그리고 하나님께서는 이런 말씀을 하셨다. "맞다. 하지만 사람이 땅에서 원수를 결박하고 있음에도 불구하고 하늘에서는 오히려 결박되어 있을 수 있느냐?" 결국 나는 "주님만이 그 답을 아십니다"라고 인정할 수밖에 없었다. 나는 이 대화가 어떤 결론으로 나아가고 있는지 알 수 없었지만, 성령님께서 해답을 알려 주시는 것을 느꼈다. 내가 누군가를 용서하지 않으면 나 또한 용서받을 수 없기 때문에, 이 땅에서 다른 사람을 용서하지 않으면 천국에서 묶여 있게 되는 것이다. 이 말씀의 단순함이 내 머리를 강타했다. 나는 몇 킬로미터를 운전하는 동안 이 말씀을 묵상했다.

나는 성령님께 나를 살피시고(시 139:23-24), 내 안에 천국에서 묶이게 할 만한 것이 있는지 알려 달라고 말씀드렸다. 내가 이 땅에서 원수를 대적할 권한도 없이 혼자 섀도복싱(shadow-boxing, 권투에서 상대가 있다고 가정하고 공격과 방어, 풋워크 등의 동작을 혼자 연습하는 일-편집자 주)을 하고 있을 수 있다는 생각에 충격을 받았다. 나는 주님께서 이 계시를 주신 것은 집회에서 나누기 위함만이 아니라 주님이 내 마음을 다루시기 위함임을 알았다. 나는 내 마음의 제단을 더럽히는 구체적인 무언가가 있다는 것을 알았지만 마음에 걸리지도 않는 것을 놓고 무작정 회개할 수는 없었다.

밤이 되기 전에 성령님께서 오래전에 겪은 어떤 배신을 생각나게 하셨다. 나는 마음에서 그 사람을 놓아줬다고 생각했지만, 일상생활 중에 그 사람의 이름이 언급될 때마다 내 마음에 일어나는 저항감을 정당화하곤 했다. 성령님께서 이 특별한 고통의 시기에 이 일을 생각나게 하신 것은 내가 다음 단계의 권세로 나아가는 것을 이것이 방해하기 때문이라는 것을 깨달았다. 나는 더 이상 제자리에 머물러 있지 않기 위해 이 용서치 못함이 무엇인지 반드시 깨달아야만 했다. 나는 그 사람에 대해 복수하고 싶은 마음 없이 진정으로 놓아줄 수 있게 도와달라고 성령님께 요청하였다.

그리고 처음으로 나를 고통스럽게 했던 그 사람을 다른 시각으로 볼 수 있게 되었다. 그 사람의 삶의 문제들을 볼 수 있었고, 그가 나에게 한 행동들에 대해 공감하고 이해할 수 있었다. 나는 진심으로 그 사람을 축복했고 그가 용서받기를 기도했다. 그리고 나는 진정한 해방감을 맛보았다. 지금은 방어적인 태도나 잘 보여야 한다는 생각 없이 그 사람을 대하고 심지어 같이 대화할 수도 있게 되었다. 계좌에서 인출 한도가 초과하면 은행에서 알려 주듯이, 성령님은 천국에서 우리를 묶고 있는 것을 처리할 때까지 우리의 자산이 동결되었음을 알려 주신다.

순종이 제사보다 낫다

사무엘상 15장 22절은 다음과 같이 권면한다.

사무엘이 이르되 여호와께서 번제와 다른 제사를 그의 목소리를 청종하

는 것을 좋아하심 같이 좋아하시겠나이까 순종이 제사보다 낫고 듣는 것
이 숫양의 기름보다 나으니

이 구절의 배경은 하나님께서 사울왕에게 아말렉의 모든 것을 진
멸하라고 지시하셨을 때다. 사무엘 선지자가 그 임무가 잘 수행되었
는지 점검하러 도착했을 때, 짐승들의 소리를 들었고 아말렉의 왕 아
각도 보았다. 사무엘이 사울에게 하나님의 명령대로 모든 것을 멸하
지 않은 이유를 묻자, 사울은 변명을 늘어놓았다. 사울은 백성 탓을
하며 그들이 가장 좋은 짐승들을 취했으나 나머지는 자기가 모두 멸
절했다고 말했다. 그리고 주님께 제사 드리기 위해 좋은 짐승들을 남
겨두었다고 말했다. 사무엘은 "여호와께서 번제와 다른 제사를 그의
목소리를 청종하는 것을 좋아하심 같이 좋아하시겠나이까"라고 말
하며 제사에 대한 올바른 관점을 제시한다.

하나님은 어떤 희생이나 제물보다 순종을 더 중요하게 여기시기
때문에 이때 어떤 대답을 했는지는 매우 중요하다. 순종은 마음의 표
현이기 때문이다. 제사는 외적으로 드러나는 표현이지만, 우리 안의
마음 제단이 그 제사가 열납될 수 있는지를 결정한다.

이후의 사울의 이야기는 비극으로 끝이 난다. 그의 불순종 혹은
온전치 못한 순종으로 인해 그는 왕의 지위를 잃는다. 사울은 백성이
두려워서 그들의 목소리에 순종했고 계속해서 백성을 탓했지만, 그는
하나님께 불순종했을 뿐만 아니라 하나님보다도 사람을 더 두려워했
다고 스스로 고백한 것이다. 하나님께서 주신 권위를 잃는 가장 빠른

길은 하나님을 두려워하지 않고 불순종하는 것이다.

다음은 사도행전 5장 3-4절이다.

베드로가 이르되 아나니아야 어찌하여 사탄이 네 마음에 가득하여 네가 성령을 속이고 땅 값 얼마를 감추었느냐 땅이 그대로 있을 때에는 네 땅이 아니며 판 후에도 네 마음대로 할 수가 없더냐 어찌하여 이 일을 네 마음에 두었느냐 사람에게 거짓말한 것이 아니요 하나님께로다

이 시기 초대 교회에서는 사도들이 부활을 증거하며 큰 권능을 행했고, 사람들에게 큰 은혜가 임했다(행 3:33). 성도들이 가난한 사람들에게 나누어 주기 위해 땅과 집을 팔아 그 수익을 사도들에게 가져올 정도로 드리고자 하는 마음이 컸다. 서로 나누기 위해 거액의 돈을 가져오는 일이 드문 일이 아니었다.

아나니아와 삽비라 부부도 소유물을 팔아 성도들과 나누기 위해 제자들에게 가져왔다. 그들은 작당하여 일부를 자신들을 위해 남겨두기로 했다. 그들이 모두를 드려야 하는 것도 아니었지만, 그들은 사도들로 하여금 전부를 드렸다고 믿게 만들려 했다. 베드로는 그들에게 "어찌하여 사탄이 네 마음에 가득하여 네가 성령을 속이느냐 너희는 사람에게 거짓말한 것이 아니요 하나님께로다"라고 말했다. 그리고 그들은 각각 다른 시각에 쓰러져 죽었다.

다시 말하지만, 제물보다는 마음의 상태가 우선이다. 아나니아와 삽비라 부부는 자신들을 포장하기 위해 거짓말을 했다. 그들은 사람

들이 자신들을 관대한 사람으로 보기 원했으며, 하나님이 하시는 일에 동참하는 사람으로 보이길 원했다. 차라리 헌금을 하지 않는 것이 속임수를 써가며 일부만 하는 것보다 나았을 것이다. 순종과 진실 됨이 제사가 열납되는 데 있어서 핵심이다.

> 그러므로 구제할 때에 외식하는 자가 사람에게서 영광을 받으려고 회당과 거리에서 하는 것 같이 너희 앞에 나팔을 불지 말라 진실로 너희에게 이르노니 그들은 자기 상을 이미 받았느니라 너는 구제할 때에 오른손이 하는 것을 왼손이 모르게 하여 네 구제함을 은밀하게 하라 은밀한 중에 보시는 너의 아버지께서 갚으시리라 (마 6:2-4)

창세기 22장 1절에서 하나님은 아브라함에게 아들 이삭을 바치라고 하심으로 그를 시험하셨다. 하나님께서 누군가를 시험하실 때는 시험받는 사람이 다음 단계와 그 영광의 무게를 감당할 준비가 되어 있는지 그 마음을 살피기 위함이다. 시험에는 보통 두 종류의 단어가 사용된다. 첫째는 유혹이다. 사람이 자기의 육체적 본성에 이끌리게 되는 것을 묘사하는 데 사용된다. 이러한 형태의 유혹은 야고보서 1장 13-14절에 잘 설명되어 있다. 둘째는 마태복음 7장 24-27절의 비유에 나온 것처럼 건축물의 품질과 그 건축물의 기초 강도를 시험하는 데 사용된다. 기초가 제대로 된 집은 시험을 견뎌낼 것이다.

아마도 아브라함에게 주어진 시험은 헌신의 우선순위를 보시기 위함이었을 것이다. 아들을 바침으로 그는 하나님이 선물로 주신 아들이 선물을 주신 하나님보다 더 우선되지 않음을 보여 드려야 했다. 과연 아브라함에게 있어서 하나님의 선물이 선물을 주신 분보다 더 중요했을까? 물론 아브라함은 그 시험을 통과했다.

몇 년 전, 우리 교회의 한 성도가 나에게 취업 관련하여 기도 요청을 했다. 그 일은 주 정부에서 공원을 감독하는 일이었고 자신이 꿈꾸던 일이라고 말했다. 그리고 나이 많은 사람들이 그 일자리를 얻기 위해 대기할 정도라고 말해 주었다. 우리 둘은 하나님께서는 기적을 행하실 수 있으며, 심지어는 없는 자리도 만들어 주실 수 있는 분임에 동의하며 기도하였다. 몇 주 후 원하던 그 일자리를 얻게 되었다는 소식을 전해 주었다. 그는 "제가 이 자리를 얻기까지 어떤 일이 있었는지 아마 믿지 못하실 거예요"라며 말문을 열었다.

그 내용이 좀 특별했다. 한 사람은 갑작스럽게 사망했고, 또 다른 사람은 은퇴했으며, 세 번째 사람은 다른 지역으로 파견되었다는 것이었다. 우리 둘 다 일어날 수 없는 일이 일어난 기적이라며 주님을 찬양했다. 지난 몇 주 동안 나는 교회에서 그와 그의 가족을 만나지 못했다. 그래서 그가 새로운 직장에 잘 적응하고 있는지, 크게 인상되었다는 월급은 좀 어떤지 등을 알아보기 위해 전화를 했다. 그는 내 연락을 받고 반가워하며 출장과 장시간의 근무, 그리고 마감에 대한 압박 등 바쁜 일정 때문에 교회에 출석하지 못했다고 말했다. 그는 여전히 새 일자리로 인해 기뻐했으며 곧 다시 돌아와 교회 가족들과 신앙생활할 것을 약속했다. 그러나 이것이 그와의 마지막 대화였다. 그에게 정확히 어떤 일이 있었는지는 잘 모르지만, 선물을 주신 분보다 선물이 더 중요해져 버렸구나! 하는 느낌을 지울 수가 없었다.

다음 구절을 보면 하나님께서 왜 아브라함을 의롭다고 여기셨는지 조금이나마 이해할 수 있을 것이다. "이에 아브라함이 종들에게 이르되 너희는 나귀와 함께 여기서 기다리라 내가 아이와 함께 저기 가서 예배하고 우리가 너희에게로 돌아오리라 하고"(창 22:5). 아브라함은 아들을 희생 제물로 드리면, 하나님께서 그를 다시 살리실 수 있음을 알 정도로 하나님을 크게 신뢰했다. 그는 하인들에게 "내가 아이와 함께 저기 가서 예배하고 우리가 너희에게로 돌아오리라"고 믿음의 고백을 한다. 아브라함은 이 시험을 예배의 행위로 여겼고, 그들은 같이 돌아왔다.

이후 아브라함의 아들 이삭이 "불과 나무는 있거니와 번제할 어린 양은 어디 있나이까?"라고 물으며(창 22:7), 우리의 믿음에 도전을 주는 이 이야기는 계속 이어진다. 아브라함은 "내 아들아 번제할 어린 양은 하나님이 자기를 위하여 친히 준비하시리라"며 믿음에 가득 찬 대답을 한다(창 22:8). 아브라함이 자신이나 이삭을 위한 제물이라고 말하지 않고, 하나님이 자기를 위해 준비하시는 제물이 될 것이라고 말한 것에 주목하라.

순종하며 나아가는 내내 아브라함은 하나님께서 마련하신 어린 양을 믿음의 눈으로 바라보고 있었다. 이 시험은 아브라함이 자신의 가장 좋은 것을 아끼지 않고 기꺼이 하나님께 드릴 수 있음을 증명하였다. 하나님은 전지전능하시고 모든 것을 아시는 분이기에, 이 시험은 아브라함이 자기의 마음과 믿음의 강도를 스스로에게 보이기 위함이었다. 결국 13절에서 하나님은 완벽한 때와 장소에 덤불에 걸린 숫양을 마련해 주셨다. 이 이야기는 온 세상을 향한 하나님의 구속사적인 계획을 보여 주는 강력한 상징이다. 하나님께서는 자기 아들을 아끼지 않으심으로 그분의 완전한 사랑을 우리에게 보여 주셨다.

언제 우리의 제사가 무기가 되는가

사사기 6장은 모든 세대에 분명한 메시지를 전하는 강력한 이야기를 담고 있다. 이 이야기는 이스라엘이 주님 보시기에 악을 행하던 시대에 관한 내용이다. 이 이야기를 시작하는 첫 구절(사 6:1)이 매우 중요하다. 이스라엘이 그 시대의 세상에 유행하던 문화의 관점에서가 아니라, 하나님께서 보시기에 악했다고 말하기 때문이다. 정상으로 보이는 것이 주님 보시기에는 악으로 여겨질 수 있다. 이스라엘은 당시의 우상 숭배와 음란에 익숙해져 있었다. 미디안 사람들의 손에 의한 심판은 7년간 지속되었다. 사사기 6장 3절은 이스라엘이 씨를 뿌릴 때마다 적들이 추수 때를 기다렸다가 수고의 결실을 노략질하는 이스라엘의 절망적인 상황을 묘사한다. 이스라엘 백성은 가난과 다음 공격에 대한 두려움 속에 살며 생존을 위해 동굴 속에서 숨어 지내고 있었다.

사사기 6장 11절은 변화의 시작에 관해 이야기한다. 하나님께서 천사를 보내 기드온을 백성의 구원자로 세우신 것이다. 이제 그들이 받고 있는 심판이 승리로 바뀔 때가 온 것이다. 기드온은 다음과 같이 묻는다.

> 기드온이 그에게 대답하되 오 나의 주여 여호와께서 우리와 함께 계시면 어찌하여 이 모든 일이 우리에게 일어났나이까 또 우리 조상들이 일찍이 우리에게 이르기를 여호와께서 우리를 애굽에서 올라오게 하신 것이 아니냐 한 그 모든 이적이 어디 있나이까 이제 여호와께서 우리를 버리사 미디안의 손에 우리를 넘겨 주셨나이다 하니 여호와께서 그를 향하여 이르시되 너는 가서 이 너의 힘으로 이스라엘을 미디안의 손에서 구원하라 내가 너를 보낸 것이 아니냐 하시니라 (삿 6:13-14)

왜 그들에게 이런 불행이 일어났는지 묻는 기드온의 말에 천사가 대답하지 않는 것이 흥미롭다. 천사는 '왜'인지는 대답하지 않고, '무엇'을 해야 할지만 말해 준다. 당면한 임무는 뒤돌아보고 자기 연민에 빠지는 것이 아니라 앞으로 나아가 미디안에서 이스라엘을 구하는 것이었다.

계속해서 같은 대화를 이어가며 기드온은 "내가 예물을 가지고 다시 주께로 와서 그것을 주 앞에 드리기까지 이 곳을 떠나지 마시기를 원하나이다"라고 말한다. 그러자 주님은 "내가 너 돌아올 때까지 머무르리라"고 말씀하셨다(삿 6:18). 기드온은 이 하나님의 천사가 진짜인지, 자기의 상상인지 확신할 수가 없었다.

기드온이 받은 시험은 제물을 가져올 때까지 천사가 기다리고 있을지에 대한 것이었다. 그 당시에는 염소와 빵을 구할 수 있는 패스트 푸드 가게가 없었기 때문에 준비하는 데 긴 시간이 걸렸을 것이다. 기드온은 그 자리를 떠나서 어린 염소와 무교병과 국을 준비하여 예물로 가져왔다.

사사기 6장 21-22절은 "여호와의 사자가 손에 잡은 지팡이 끝을 내밀어 고기와 무교병에 대니 불이 바위에서 나와 고기와 무교병을 살랐고 여호와의 사자는 떠나서 보이지 아니한지라 기드온이 그가 여호와의 사자인 줄을 알고"라고 말한다.

진짜 천사임을 확신한 기드온은 이후 미디안 진영에 가서 정탐한다. 기드온은 미디안 진영으로 내려가 두 미디안 사람이 하는 말을 엿듣게 된다. 그중 한 사람이 친구에게 꿈 이야기를 하고 있었다.

> 기드온이 그 곳에 이른즉 어떤 사람이 그의 친구에게 꿈을 말하여 이르기를 보라 내가 한 꿈을 꾸었는데 꿈에 보리떡 한 덩어리가 미디안 진영으로 굴러 들어와 한 장막에 이르러 그것을 쳐서 무너뜨려 위쪽으로 엎으니 그 장막이 쓰러지더라 그의 친구가 대답하여 이르되 이는 다른 것이 아니라 이스라엘 사람 요아스의 아들 기드온의 칼이라 하나님이 미디안과 그 모든 진영을 그의 손에 넘겨 주셨느니라 하더라 (삿 7:13-14)

이 이야기의 하이라이트는 기드온이 드린 예물이 하나님께서 적을 물리치시는 데 사용한 무기가 되었다는 것이다. 미디안 사람의 친구가 하는 꿈의 해석을 들은 후 기드온의 믿음은 커졌고, 하나님께 순종할 수 있었다. 그리고 미디안은 패배한다. 이 이야기의 교훈은 하나님께서는 순종의 제사를 사용해서 패배를 승리로 바꾸실 수 있다는 것이다.

바울 사도는 로마서 12장 1절에서 이렇게 말한다.

그러므로 형제들아 내가 하나님의 모든 자비하심으로 너희를 권하노니 너희 몸을 하나님이 기뻐하시는 거룩한 산 제물로 드리라 이는 너희가 드릴 영적 예배니라

성령의 감동을 받아 드리는 특별한 제사도 있지만, 무엇보다도 절대적으로 반드시 드려야 하는 제사는 바로 당신 자신이다. 당신 자신이 바로 하늘의 관심을 사로잡는 제물이다. 당신이 예배할 때, 당신은 그저 노래를 부르는 것 이상의 일을 하는 것이다. 당신의 마음이 제단이 되고, 그 제단이 순전할 때, 당신의 진실한 헌신은 달콤한 향이 되어 하늘로 올라간다.

다윗이 용사가 될 만한 백성의 수를 계수했을 때 하나님이 진노하셨다. 왜냐하면 다윗이 승리를 위해 하나님을 신뢰하지 않고 자신이 이끄는 병력을 신뢰했기 때문이다. 그로 인해 백성에게 재앙이 내렸고 다윗은 아라우나라는 사람의 타작마당으로 갔다. 그가 다윗왕이 주님께 희생 제물을 드리러 왔다는 것을 알고 왕을 위해 필요한 모든 것을 제공하겠다고 했다. 자신의 것에서 예물을 드려야 한다는 것을 안 다윗은 "그렇지 아니하다 내가 값을 주고 네게서 사리라 값 없

이는 내 하나님 여호와께 번제를 드리지 아니하리라…"고 말했다(삼하 24:24). 대가가 따르지 않은 제사는 그저 허울뿐인 제사다. 우리의 마음이 담긴 제사 속에 하나님이 찾으시는 가치가 있는 것이다. 우리는 누군가를 고용하여 대신 예배하라고 할 수 없다. 제사에는 반드시 우리의 마음과 대가가 수반되어야 한다.

갈라디아서 2장 20절은 "내가 그리스도와 함께 십자가에 못 박혔나니 그런즉 이제는 내가 사는 것이 아니요 오직 내 안에 그리스도께서 사시는 것이라 이제 내가 육체 가운데 사는 것은 나를 사랑하사 나를 위하여 자기 자신을 버리신 하나님의 아들을 믿는 믿음 안에서 사는 것이라"고 말한다. 가장 위대한 희생 제사는 영원히 십자가이며, 그렇기 때문에 우리는 그분과 함께 십자가에 못박혀 우리의 모든 옛 죄의 본성과 습관은 그 위에서 죽고 오직 그분의 생명만이 우리 안에서 부활해야 한다.

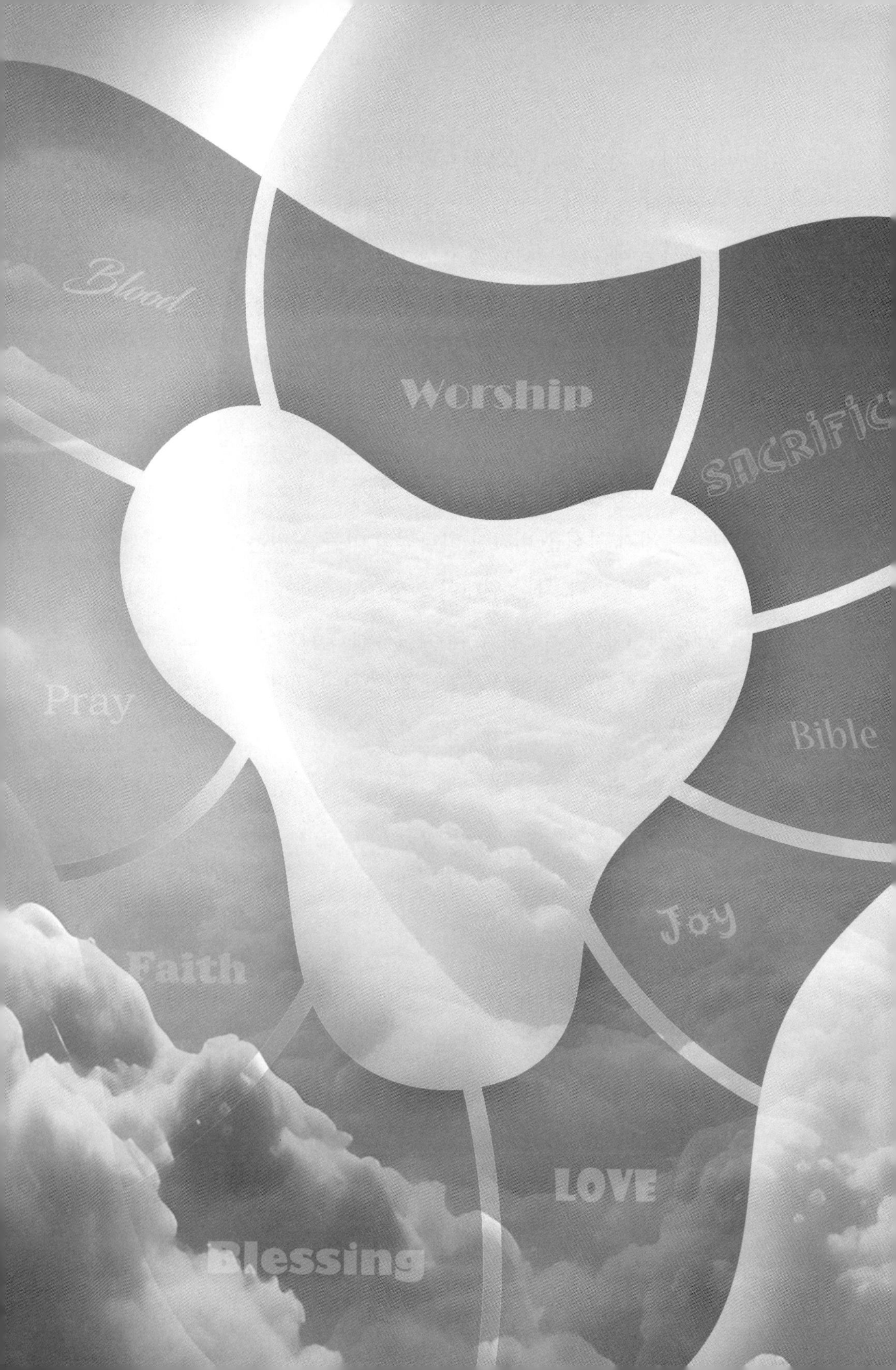
Blood
Worship
SACRIFIC
Pray
Bible
Joy
Faith
LOVE
Blessing

사랑의 화폐

사랑의

화폐

이 책의 마지막 장에서는 천국이 응답하는 화폐로서의 사랑을 강조하는 것이 적절할 것 같다. 이 장에서 내가 바라는 것은 당신이 천국 관점에서 바라본 사랑에 대한 이해가 훨씬 더 새롭고 깊어지는 것이다. 새로운 이해를 통해 당신은 주님으로부터 새로운 능력과 권위를 얻게 될 것이다. 성령님과 천사들은 하나님의 말씀에 반응할 뿐만 아니라 사랑에 의해서도 마음이 움직인다. 사랑의 원리에 대한 기초를 다지기 위해 대부분의 사람이 알고 있는 사랑에 대한 기본적인 정의를 나누고 시작하겠다.

성경에는 사랑이라는 단어가 300번 이상 사용되지만, 특히 신약에서는 사랑을 아가페로 표현하는 경우가 대부분이다. 사랑에는 네 가지 의미가 있으며, 말하는 사람과 문맥에 따라 각각 그 의미가 다르다.

우리는 사랑이라는 단어를 다양한 방식으로 사용하는데, 음식부터 좋아하는 장소까지 주로 좋아하거나 원하는 것을 묘사할 때 사용한다. 그중 흔히 쓰이는 단어는 친구나 어느 정도 친분이 있는 대상에 대한 느낌이나 정서를 의미하는 필레오(phileo)다. 필레오는 형제 관계를 의미하기도 한다. 예를 들어 필라델피아는 '형제애의 도시'라는 뜻이 담겨 있다.

다음은 혈연, 즉 가족 관계에서 사용되는 스토르게(storge)다. 이것은 가족 형태의 관계에서의 사랑을 의미하며, 스토르게 외의 다른 모든 사람과의 관계와는 구분된다. 세 번째는 에로스(eros)로 널리 알려진 에로틱(erotic)이라는 단어와 연관되며 성적인 성격의 애정을 묘사한다.

하늘의 관점에서 사랑을 가장 잘 묘사한 단어는 아가페(agape)다. 대부분의 사람은 이 단어가 그저 무조건적인 사랑을 의미한다고 말한다. 그것도 맞는 말이긴 하지만, 사실 이 단어에는 훨씬 더 깊은 뜻이 담겨 있다. 아가페가 무조건적인 사랑만을 의미한다고 말하는 것은 은혜가 하나님의 값없는 은혜만을 의미한다고 말하는 것과 같다. 이는 전체적인 의미의 아주 기초적인 단면일 뿐이다. 온전한 아가페에 대한 계시에는 하나님의 능력과 권위가 포함되어 있다. 그런데 우리는 대부분 이 단어의 표면적 의미에만 머물러 있기 때문에 그것들을 놓치는 것이다.

하나님의 본성은 사랑 그 자체다. 요한일서 4장 7-8절은 "사랑하는 자들아 우리가 서로 사랑하자 사랑은 하나님께 속한 것이니 사랑하는 자마다 하나님으로부터 나서 하나님을 알고 사랑하지 아니하는 자는 하나님을 알지 못하나니 이는 하나님은 사랑이심이라"고 말한다. 사랑은 하나님에 대한 형용사가 아니라 사랑이 곧 하나님이다.

아가페는 명사이면서 동사다. 하나님은 사랑이시며 그분이 행하시는 일은 그분 자체, 그 신성한 본성에 기반한다. 우리는 하나님이 행하시는 일과 사랑을 분리할 수 없으며, 심지어 그분의 심판조차도 그분의 사랑에 기반한다. 아가페 사랑은 감정이나 자기중심적인 자극에 관한 것이 아니기에 하나님의 행동은 그분의 관점, 즉 사랑에 기반한다. 요한복음 3장 16절은 하나님이 세상을 너무도 사랑하셔서 자신의 독생자를 희생 제물로 삼으신 그분의 행동이 단순한 감정이나 감성에 기반한 것이 아닌, 공의에 근거한 것임을 잘 보여 준다. 세상의 부모라면 자녀를 다치게 하거나 죽을 상황에 처하게 한다는 것은 말이 되지 않는다. 그 때문에 우리는 아가페 사랑은 자연적이거나 인간의 본능에 의한 것이 아니라는 것을 알 수 있다. 아가페 사랑의 핵심은 초자연적인 사랑이라는 것이다.

이러한 관점을 염두에 두고 아가페 사랑에 대해 더 깊이 이해해 보자. 아가페 사랑이란 하나님께서 피조물을 바라보는 필터 혹은 그분의 관점이다. 하나님의 사랑은 자비이기도 하지만 의와 평강, 기쁨이다.

에베소서 3장 18-20절은 이같이 말한다.

능히 모든 성도와 함께 지식에 넘치는 그리스도의 사랑을 알고 그 너비와 길이와 높이와 깊이가 어떠함을 깨달아 하나님의 모든 충만하신 것으로 너희에게 충만하게 하시기를 구하노라 우리 가운데서 역사하시는 능력대로 우리가 구하거나 생각하는 모든 것에 더 넘치도록 능히 하실 이에게 이 구절의 문맥은 우리를 하나님의 충만함으로 인도하시는 그리스도의 사랑을 아는 것에 관한 것이다. 이 구절의 흥미로운 부분은 우리 안에 역사하시는 능력대로 우리가 생각할 수 있는 것 이상으로 그분은 행하실 수 있다는 것이다. 우리 안에서 역사하시는 능력의 충만함, 즉 우리 존재의 모든 부분을 완전히 압도하는 그분의 사랑에 대해서는 의심의 여지가 없다.

물론 나는 그분의 사랑에 완전히 사로잡힌 상태는 아니다. 넘치도록 능히 하신다는 것은 특정한 은사와 연관된 것이 아니라 하나님의 사랑과 연관되어 있음에 주목하라. 헬라어로 충만함은 플레로(pleroo)다. '빈틈없이 구석구석 완전히 채운다'는 뜻이다. 그럴 때 사랑의 능력이 초자연적으로 흘러넘치게 된다. 우리의 인간성과 우리가 타락한 세상에 살고 있다는 점이 이것을 불가능해 보이게 한다. 그리고 우리 자신의 능력으로는 불가능하다. 인간의 본성은 이 수준의 충만함에 도달하기 위해 어떤 공식이나 새로운 방법들을 찾으려 하기 때문이다.

> 소망이 우리를 부끄럽게 하지 아니함은 우리에게 주신 성령으로 말미암아 하나님의 사랑이 우리 마음에 부은 바 됨이니 (롬 5:5)

예수님은 인간의 노력으로는 그분의 사랑으로 충만해질 수 없다는 것을 아셨다. 그래서 성령을 주셔서 예수님으로부터 온 모든 것을 가르쳐 주셨고, 우리가 사랑이신 아버지를 알기를 원하셨다(요 16:15).

사랑의 겉옷

골로새서 3장 14-15절은 "이 모든 것 위에 사랑을 더하라 이는 온전하게 매는 띠니라 그리스도의 평강이 너희 마음을 주장하게 하라 너희는 평강을 위하여 한 몸으로 부르심을 받았나니 너희는 또한 감사하는 자가 되라"고 말한다. 사랑을 "옷 입으라"(영문 성경 기준-역자 주)는 구절은 아가페 사랑이 무엇인지에 비추어 볼 때 매우 흥미로운 표현이다. 첫째, 이것은 아가페 사랑이란 내가 입느냐, 입지 않느냐 하는 선택의 문제라는 것을 말해 준다. 진실한 마음으로 선택할 때 성령님께서는 마치 대장장이가 갑옷을 맞춤 제작하는 것처럼 우리를 사랑으로 옷 입히시는 일을 시작하신다. 이 구절에는 온전하게 매이는, 즉 온전한 연합의 개념이 나온다. 헬라어로 온전함은 텔리오스(telios)다. 더 이상 남겨진 일이 없이 완성된 상태를 의미한다. 예수님께서 십자가에서 완성하신 일은 분명 다른 사람을 위해 자기 생명을 바치신 사랑이 기초된 행동이다(요 15:13).

사랑의 겉옷을 입은 후에는 하나님의 평강이 그 옷을 입은 사람의 삶을 주장하게 하라고 말한다. 요한일서 3장 1절은 "보라 아버지께서 어떠한 사랑을 우리에게 베푸사 하나님의 자녀라 일컬음을 받게 하셨는가 우리가 그러하도다 그러므로 세상이 우리를 알지 못함은 그를 알지 못함이라"고 말한다. 여기서 '베푸사'라는 용어를 사용한 부분은 마치 누군가에게 기사 작위를 수여하고 귀족의 칭호를 부여하는 것처럼 들린다. 하나님의 사랑은 우리에게 그분의 왕권 아래에서

직무를 맡은 사람으로 보일 수 있게 하는 찬송의 옷을 입혀 주신다. 사랑 없이도 섬기는 것은 가능하지만, 사랑하면서 섬기지 않는 것은 불가능하다. 다시 말하지만, 그분 나라의 정체성으로 옷 입혀진다는 것은 하나님이 우리를 사랑하신다는 표식인 우리의 정체성을 빼앗으려는 악한 자로부터 우리가 보호받는다는 의미다.

우리가 사랑의 정체성 안에서 행하고 있는지 확인하기 위한 시험은 언제나 있을 수 있다. 그러한 시험 중 하나가 바로 요한복음 14장 15절에 나오는 "너희가 나를 사랑하면 나의 계명을 지키리라"는 말씀이다. 그리고 유다서 1장 21절도 "하나님의 사랑 안에서 자신을 지키며 영생에 이르도록 우리 주 예수 그리스도의 긍휼을 기다리라"고 말한다. 성령님의 인도하심은 우리 사랑의 겉옷의 상태를 점검하게 한다. 마태복음 22장에서 예수님께서는 하나님 나라에 대한 비유를 들려주시며 혼인 잔치를 준비한 왕에 비유하셨다. 원래 초대받은 손님이 오지 않자 더 많은 하인을 보내 누구든지 오라고 초대했다. 이것은 이방인들이 포도나무에 접붙임 받는 것을 보여 주는 비유다.

왕이 혼인 잔치를 둘러보던 중 전통 결혼식 예복을 입지 않은 한 남자를 발견했다. 왜 예복을 입지 않았느냐고 묻자, 그 남자는 아무 말도 하지 못했다. 왕은 신하들에게 남자의 손과 발을 묶어 혼인 잔치 밖으로 쫓아내라고 명령하였다. 이는 하나님으로부터의 분리를 의미한다. 오늘날의 서구 문화에서는 이 비유가 이상하게 보일 수 있다. 특히나 그 남자는 초대받은 손님이기에 더욱 그렇다. 이 비유는 중동의 문화를 이해할 때 그 의미가 강력하게 다가온다. 당시 중동에서는 모든 손님은 문 앞에서 환영을 받고, 도착했을 때 입고 있는 옷 위에 덧입을 수 있는 결혼식 예복도 받았다.

그들이 고상한 옷을 입었든, 아주 남루한 옷을 입었든, 모든 사람은 왕이 주는 '겉옷'으로 덮여 있어야 했다. 결혼식 예복에는 보통 왕의 모든 영토와 승리를 상징하는 왕의 문장이 새겨져 있었다. 이 남자가 왕이 주는 옷을 입기 거부하고 왕과 상관있는 사람으로 보이기를 거부한 것은 왕에 대한 반역이자 무례한 행동으로 간주되었다. 쉽게 말해 이 남자는 왕의 호화로운 혼인 잔치에서 제공되는 모든 오락과 음식은 원했지만, 왕의 권위 아래 있는 것은 원하지 않은 것이다. 이런 반역적인 모습은 무리 중에서 눈에 띄었을 것이다.

하나님의 사랑이 없으면 무리 중에서 눈에 띄게 되고, 우리의 거역을 틈타고 어둠 속으로 끌고 갈 원수의 먹잇감이 될 수 있다.

마태복음 6장 24절은 이같이 말한다.

> 한 사람이 두 주인을 섬기지 못할 것이니 혹 이를 미워하고 저를 사랑하거나 혹 이를 중히 여기고 저를 경히 여김이라 너희가 하나님과 재물을 겸하여 섬기지 못하느니라

사랑의 선물

바울은 고린도 교회에 보낸 편지에서 성령의 은사에 관해 권면한

다. 성령의 은사 장으로 여겨지는 고린도전서 12장에서 바울은 지체의 비유를 사용하여 우리의 몸에 모든 지체가 필요하듯이, 그리스도 몸의 유익을 위해서도 모든 은사가 필요하다고 말한다. 그리고 고린도전서 14장에서 바울 사도는 예언과 방언에 대해 가르치고 있다. 여러 가지 은사에 관한 두 장의 중간에 흔히 사랑 장이라 불리는 고린도전서 13장이 있다. 원래 성경은 장과 절의 구분 없이 하나의 연속된 생각을 담은 글이다. 여러 도시에 있는 교회에 지침으로 보내는 편지이기 때문에, 편지가 보내진 곳의 이름을 따서 서신서의 이름들이 명명되었다.

내가 이것을 언급하는 이유는 성령의 은사에 관한 바울 생각의 흐름이 사랑이야말로 다른 모든 은사를 작동하게 하는 은사라는 생각과 닿아 있음을 보여 주기 위해서다. 13장은 사랑으로 행하지 않을 것이면 방언을 비롯한 은사들을 사용하지 말라는 주의로 시작한다. 사랑이 없다면 시끄러운 꽹과리의 울림에 지나지 않는다. 이 구절은 우리가 예언의 은사나 큰 믿음으로 행하고 지식의 은사가 있어도 사랑이 없으면 그저 소음에 불과하다는 하늘의 시각을 잘 보여 준다.

그러나 사랑의 시각이 은사를 사용하는 동기가 될 때, 사랑의 화폐는 우리의 천국 계좌에 쌓이게 된다. 고린도전서 13장 4-7절에서 사랑의 열매는 오래 참음과 시기하지 않음과 자랑하지 않음과 교만하거나 자만하지 않는 것이다. 또한 사랑은 친절하며, 무례히 행치 않고, 쉽게 성내지 않으며, 악한 것을 생각하지 않는다. 갈라디아서 5장 22절은 성령의 열매 중 첫 번째로 사랑을 언급한다. 열매는 무언가가 충만함에 이른 결과라는 의미다.

학창 시절, 농업 과목의 시험에 "과일과 채소의 차이점은 무엇인가?"라는 문제가 있었다. 나는 교과서를 공부하길 잘했다는 생각이 들었다. 정답은 과일에는 씨앗이 있다는 것이다. 토마토는 채소라고 생각하기 쉽지만 실제로는 과일로 분류된다. 내가 말하고자 하는 것은 무언가가 과일로 분류되기 위해서는 그 안에 씨앗이 있어야 한다는 것이다. 성경에서 하나님의 말씀은 '씨앗'이라고 표현되며, 헬라어로는 스퍼마(sperma)다. 그리고 이것은 자신과 같은 종족을 재생산할 수 있는 능력이 있다. 하나님께서 아담과 하와에게 생육하고 번성하라고 말씀하셨을 때, 그 번성은 씨앗을 심음으로 이루어졌다.

사랑에도 동일한 원리가 적용된다. 사랑이 뿌려지면 동일한 열매를 맺게 되고, 그 열매는 다시 다른 은사들이 기능을 발휘할 수 있도록 능력을 부여한다. 고린도전서 13장 8-13절은 사랑이 무엇인지에 대해 더 깊은 계시를 드러낸다. 이 중요한 사랑 장의 마지막 구절은 "그런즉 믿음, 소망, 사랑, 이 세 가지는 항상 있을 것인데 그 중의 제일은 사랑이라"고 말한다. 그리고 고린도전서 14장 1절은 "사랑을 추구하며 신령한 은사들을 사모하라"로 시작한다. 이 두 권면 중 더 강조되는 것은 사랑을 추구하라는 것이며, 이것이 영적 은사들을 사모하는 것보다 더 중요하다는 것이다. 은사에 대한 갈망이 사랑을 추구하는 것보다 더 강하면, 우리는 파멸의 길을 걷게 된다.

최근에 나는 한 무리의 갈급한 젊은 지도자들에게 "우리 사역의 기름 부음을 더 증가시키려면 어떻게 해야 할까요?"라는 질문을 받았다. 나는 그들이 더 큰 기름 부음을 받기 위한 구체적인 단계별 과정을 배우고 싶어한다는 것을 깨달았다. 나의 대답은 그들이 예상했던 긴 단계별 지침 목록보다는 간단하고 덜 복잡했다. 나는 "성령님을 위해 자신을 더 많이 내어 드리고, 나를 위한 이기심은 줄이세요. 사역에 대한 사랑이 아니라 사랑 자체가 사역의 기초가 될 때, 기름 부음과 하나님이 주시는 능력은 저절로 임합니다. 하나님은 사랑이시고 기름 부음은 하나님께서 빈 곳을 채우시는 것입니다."

사랑과 마찬가지로 기름 부음은 감정이나 느낌은 아니지만, 사랑이 임하고 그분의 능력이 나타나면 분명 기쁨과 여러 감정이 생겨난다.

요한복음 13장 34-35절은 이같이 말한다. "새 계명을 너희에게 주노니 서로 사랑하라 내가 너희를 사랑한 것 같이 너희도 서로 사랑하라 너희가 서로 사랑하면 이로써 모든 사람이 너희가 내 제자인 줄 알리라."

예수님을 따르는 사람의 징표 중 하나는 서로를 어떻게 대접하는가이다. 만약 마음에 경쟁심이나 이기적인 야망이 있다면 사랑이 온전히 역사하지 않은 것이다. 지위와 명성을 얻기 위해 육신의 경쟁을 하는 것만큼 성령의 흐름을 방해하는 것은 없다.

온전한 사랑은 두려움을 내쫓는다

요한일서 4장 17-18절은 다음과 같이 말한다.

이로써 사랑이 우리에게 온전히 이루어진 것은 우리로 심판 날에 담대함을 가지게 하려 함이니 주께서 그러하심과 같이 우리도 이 세상에서 그러하니라 사랑 안에 두려움이 없고 온전한 사랑이 두려움을 내쫓나니 두려움에는 형벌이 있음이라 두려워하는 자는 사랑 안에서 온전히 이루지 못하였느니라

사랑받는 제자 요한은 아가페 사랑이 무엇인지 잘 알고 있었다. 그는 두려움과 아가페가 한 사람 안에 동시에 존재할 수 없음을 분명히 말한다. 사랑은 어둠이 압도할 수 없는 능력이다. 사랑은 단순한 감정의 말이 아닌 하나님의 본성 그 자체다. 하나님은 영이시기에 아가페 사랑 또한 영이다.

요한은 두려움에는 고통이 수반된다고 말한다. 하나님의 사랑은 두려움의 반대다. 두려움은 공허함을 채우려 하지만 사랑은 두려움을 몰아낸다. 중요한 점은 두려움이 고개를 들며 괴롭히려 할 때, 당신이 해야 할 일은 그저 주님께 애정을 쏟고 사랑이 넘치도록 마음을 내어 드리는 것이다. 완전한 사랑이란 아무것도 부족한 것 없이 온전하다는 것을 의미한다. 두려움보다 사랑이 더 커질 수 있도록 허락할 때 사랑은 완성된다. 우리가 크게 여기는 것에 우리는 힘을 부여하는 성향이 있다.

시편 34편 3절은 "나와 함께 여호와를 광대하시다 하며 함께 그의 이름을 높이세"라고 말한다. '광대하시다 하며'의 의미는 하나님의 존재감을 확대하여 영광과 찬양이 두려움의 문제를 덮어 버리게 한

다는 것이다. 그러나 대부분의 사람은 문제를 더 확대한다. 우리가 문제를 두려워하고 그 문제가 얼마나 큰지에 대해서 자꾸 언급할수록 우리는 두려움에 더 큰 힘을 실어주는 것이다. 문제를 축소하려면 해결책을 더 높여야 하며, 그 해결책은 바로 하나님의 사랑이다.

이사야서 59장 19절(새번역)은 "…원수가 강물처럼 몰려오겠으나, 주님의 영이 그들을 물리치실 것이다"라고 말한다. 원수가 홍수 같은 강물처럼 몰려온다 해도 상황을 주관하는 것은 그가 아니라는 점에 주목하는 것이 중요하다. 원수는 몰려오겠지만 그들을 대적하는 것은 주님이시다. 마찬가지로 시편 29편 10절은 "여호와께서 홍수 때에 좌정하셨음이여…"라고 말한다. 하나님의 사랑이 홍수처럼 밀려와 원수의 두려움을 압도하는 것이다.

그렇다면 아가페 사랑과 온전한 아가페 사랑의 차이점은 무엇일까? 요한은 요한일서 2장 4-5절에서 이에 대해 "그를 아노라 하고 그의 계명을 지키지 아니하는 자는 거짓말하는 자요 진리가 그 속에 있지 아니하되 누구든지 그의 말씀을 지키는 자는 하나님의 사랑이 참으로 그 속에서 온전하게 되었나니 이로써 우리가 그의 안에 있는 줄을 아노라"고 이야기한다.

온전한 사랑은 부족한 것이 아니라 완전하다는 것을 기억하라. 요한은 말씀을 지킨다는 것은 그저 말씀을 암기하는 것이 아니라, 매일의 삶에서 말씀을 실천하는 것이라고 한다. 말씀을 지킬 때 비로소 우리는 하나님의 아가페 사랑 안에서 온전해진다.

하나님 나라의 침노

세례 요한의 때부터 지금까지 천국은 침노를 당하나니 침노하는 자는 빼앗느니라 (마 11:12)

마태복음 11장 앞 구절에서 예수님은 세례 요한을 칭찬하며 요한보다 큰 자는 없으나 천국에서는 지극히 작은 자가 요한보다 크다고 말씀하신다. 이 구절에서 '침노'라는 단어는 오해의 소지가 있다. 어떤 이들은 그저 활기찬 것을 의미한다고 생각하지만, 사실 그 이상을 의미한다. 침노한다는 표현의 헬라어 단어는 비아조(biadzo)다. '가득 채워 다른 것을 위한 공간이 없도록 밀어낸다'는 의미다. 이것을 하나님 나라의 맥락에 대입해 보자.

그리스도의 부활로 하나님 나라가 세워졌을 때, 원수는 두려움이라는 감정과 함께 밀려났고, 죄는 더 이상 우리를 노예로 붙잡아 둘 수 없게 되었다. 새 왕이신 예수님께서 옛 어둠의 군주를 몰아내셨고, 그 나라에 들어오는 모든 사람은 왕을 위해 약탈하는 것이다. 세례 요한의 메시지는 주님을 위한 길을 준비했다. 예수님은 옛 언약에서 새 언약으로 전환되어서 하나님 나라로 가는 문을 열어 주셨다.

세례 요한은 하나님 나라에 대한 메시지를 전파하러 왔지만, 하나님 나라에 들어가는 모든 사람은 하나님 나라에 대해 전파한 사람보다 더 위대한 것이다. 예수님은 하나님 나라가 무엇인지 정의를 내려 주셨다. 누가복음 11장 20절에서 예수님은 "그러나 내가 만일 하나님의 손을 힘입어 귀신을 쫓아낸다면 하나님의 나라가 이미 너희에게 임하였느니라"고 하셨다. 예수님은 하나님 나라를 드러내셨고, 왕의 권세와 능력의 나타나심 그 자체셨다.

왕의 통치권은 그 나라와 왕이 다스리는 모든 것을 포함한다. 로마서 14장 17절은 "하나님의 나라는 먹는 것과 마시는 것이 아니요 오직 성령 안에 있는 의와 평강과 희락이라"고 말한다. 하나님 나라의 본질은 바로 의와 평강과 희락이며, 이것은 곧 왕의 표식이다. 그리고 이 세 가지는 영광의 왕이신 예수님을 묘사한다. 이제 우리는 하나님 나라의 속성에 완전한 사랑의 개념을 더하여 로마서 8장 31절의 참된 진리를 깨달을 수 있게 되었다. "그런즉 이 일에 대하여 우리가 무슨 말 하리요 만일 하나님이 우리를 위하시면 누가 우리를 대적하리요."

하나님이 미워하시는 것

잠언 6장 16-19절에는 하나님이 싫어하시는 것이 무엇인지 명확하게 나와 있다.

여호와께서 미워하시는 것 곧 그의 마음에 싫어하시는 것이 예닐곱 가지이니 곧 교만한 눈과 거짓된 혀와 무죄한 자의 피를 흘리는 손과 악한 계교를 꾀하는 마음과 빨리 악으로 달려가는 발과 거짓을 말하는 망령된 증인과 및 형제 사이를 이간하는 자이니라

하나님이 사랑이라는 것을 아는 것도 중요하지만, 하나님이 미워하시는 것이 무엇인지도 알아야 한다. 미움을 뜻하는 히브리어 단어는 사네(sane)다. 이 단어의 어원은 두 개의 그림에서 유래하였다. 그 두 개의 그림은 가시와 씨앗으로, 가시가 있는 식물의 씨앗을 묘사한다. 따라서 미움은 무언가를 피하거나 외면하여 상관하지 않음을 의미한다.

예수님 당시의 중동 문화권에서는 가시덤불을 이용해 보호용 울타리를 만들거나 경계를 설정했다. 즉 하나님께서는 그분이 미워하시는 사람들과는 교류하지 않으시고 오히려 그들을 외면하신다는 것이다. 창세기 4장에 따르면 하나님은 가인과 그의 제물에 관여하지 않으셨다. 그리고 로마서 9장 13절은 "기록된 바 내가 야곱은 사랑하고 에서는 미워하였다 하심과 같으니라"고 말한다. 성경 세 곳에서 하나님이 에서는 미워하시고 야곱을 사랑하셨다고 언급한다. 두 형제 중 누구를 사랑하시고 누구를 미워하실지는 하나님의 선택이다. 에서는 분명 자기의 장자 명분을 지키지도, 소중히 여기지도 않았고 야곱에게 팥죽 한 그릇에 팔아넘겼다. 그리고 이스라엘 민족을 향한 하나님의 계획은 야곱을 통해 이루어졌다. 야곱은 사기꾼이었지만 하나님의 계획은 변하지 않았다.

나중에 두 형제의 삶을 보면, 장자의 축복을 잃긴 했지만, 화해를 통해 에서도 형통하게 된다. 여기서 우리는 미워한다는 것은 외면하

천국 화폐의 축복을 취하라

거나 상관하지 않고 지나치는 것임을 알 수 있다. 하나님의 미워하심은 전혀 관여하지 않는 것이다. 우리에게 그분의 겉옷을 입혀주시고 그로 인한 은총과 축복을 주시는 것은 우리에 대한 그분의 사랑이 얼마나 강력한지, 그분의 사랑이 우리의 인생에 깊이 관여하고 있음을 보여 준다.

하나님께서 사랑하시는 것

바울은 고린도후서 9장 7절에서 하나님이 무엇을 사랑하시는지를 강조한다.

> 각각 그 마음에 정한 대로 할 것이요 인색함으로나 억지로 하지 말지니 하나님은 즐겨 내는 자를 사랑하시느니라

여기서 '즐겁게'는 유쾌하게 드리는 것을 의미한다. 즐겁게 내는 사람은 드리는 것을 즐기며 나쁜 마음으로 내지 않는 사람이다. '교회보다 내가 저 돈이나 물건이 필요한데'라고 생각한다면 우리는 즐겨 내는 것이 아니라 의무적으로 내는 것이다. 하나님은 우리를 너무도 사랑하셔서 자신을 가장 잘 나타내는, 즉 그분의 아들을 세상에 주셨다.

사랑은 마음의 상태를 나타낸다. 크기나 액수는 드리는 마음의 태도만큼 중요하지 않다. 우리 마음의 태도가 우리의 사랑을 나타낸

다. 하나님께서는 즐겁게 드리는 사람을 아끼신다.

시편 87편 2절은 하나님께서 예배와 예배자를 사랑하신다고 말한다. "여호와께서 야곱의 모든 거처보다 시온의 문들을 사랑하시는 도다." 시온은 예배를 상징한다. 솔로몬 성전이 세워졌던 시온은 예배의 웅장함과 중요성으로 알려진 곳이다. 하나님은 예배자를 사랑하신다. 언젠가 이 땅에서의 시간이 끝나면 많은 것이 중단될 것이다. 천국에서는 설교할 필요도 없고, 시간 개념도 없기 때문에 달력이나 시계도 필요 없을 것이다.

그러나 우리는 사랑은 영원하며 천국 전체를 가득 채울 것임을 분명히 알고 있다. 천국에서도 예배는 계속될 것이다. 우리는 하나님께서 사랑하시는 것은 영원까지 이어진다는 것을 알아야 한다. 하나님께서 사랑하시는 것을 사랑할 때 천국에 있는 우리의 계좌에 그 화폐가 저축된다. 하나님은 가난한 자를 사랑하시며, 판단하지 않고 가난한 자에게 자비를 베푸는 사람은 주님과 함께할 수 있다.

아버지의 사랑

잠언 3장 12절은 "대저 여호와께서 그 사랑하시는 자를 징계하시기를 마치 아비가 그 기뻐하는 아들을 징계함 같이 하시느니라"고 말한다. 이 구절에서 아버지 마음의 깊이를 알 수 있다. 아버지는 사랑하는 자녀를 교정하고 훈육할 것이다. 자신의 분노나 즐거움 때문이 아니라, 자녀의 잠재력에 대한 비전이 있기 때문이다. 자녀를 자기 방식과 생각에 맡기고 내버려두면 길을 잃고 방황하는 사람이 될 수 있으며, 항상 제멋대로 권리만을 찾는 사람으로 성장할 가능성이 있다.

지금 이 시대는 세대 정체성 문제에 직면해 있다. 우리가 도시에서 목격하는 대부분의 폭력은 그들이 아버지가 없는 세대에 살고 있기 때문이다. 아버지 없는 세대란 혈육에 대한 유대감 없이 오직 자기 자신을 위한 이기적인 마음으로 자녀를 버리는 아버지들에 의해 생겨난 현상이다. 혹은 아버지와 함께 살고는 있지만 생계로 인한 스트레스 때문에 마음이 가족과 멀어져 버린 경우도 있다.

또 다른 유형의 아버지의 부재는 가족을 잘 부양하기는 하지만, 자녀의 기분이 상하는 것을 원치 않아서 훈계하지 않은 경우다. 이 모든 경우에 아버지의 사랑이 빠져 있다. 아버지의 사랑은 아버지가 가족을 위해 돈을 주고 구입할 수 있는 것이 아니다. 아버지의 역할은 그 무엇으로도 대체될 수 없다. 아버지의 사랑은 자녀에게 한 사람으로서의 정체성, 심지어 성적 정체성까지 확립해 주며 하나님께서 그들을 그 모습 그대로 지으셨고 축복하셨다는 것을 확인시켜 준다.

히브리서 12장 8절은 이렇게 말한다. "징계는 다 받는 것이거늘 너희에게 없으면 사생자요 친아들이 아니니라."

여기에 흥미로운 점이 있다. 나는 아가페 사랑의 관점에서 하나님이 어떤 분인지에 대해 글을 써왔다. 사랑의 아버지는 자녀의 삶에 대한 비전을 바탕으로 그들을 훈육한다. 그렇다면 이제 나의 질문은 우리가 어떻게 하면 우리의 자녀를 좋은 자녀로 키울 수 있을까 하는 것이다. 자녀들이 훈육을 거부한다면 사랑을 거부하는 것이다. 자녀들이 훈육과 연결된 사랑을 거부한다면 사생아와 같다. 아버지에게는 훈육할 책임이 있듯이 자녀는 훈육받는 법을 알아야 한다. 하나님께서 우리 삶에 주신 규제를 버리면 우리는 비전 없이 표류하게 된다. 잠언 29장 18절(새번역)은 "계시(비전)가 없으면 백성은 방자해지나"라고 말한다. 이 구절에서 망한다는 것은 닻이 없는 배처럼 표류한다는 뜻이다.

15살 때, 어머니께 친구 집에서 하룻밤 자고 오겠다고 말씀드린 적이 있다. 이런 행동은 드문 일이 아니었다. 그러나 아버지가 내 행동과 관련된 대화에 관여하시는 것은 드문 일이었다. 나는 주로 어머니께 나의 일에 대해 말씀드렸다. 그날 저녁 10시쯤 친구 집에 있는데 친구가 내 아버지에게서 전화가 왔다고 말했다. 내가 전화를 받자, 아버지는 "집으로 오라"고 말씀하셨다. 나는 어머니께 말씀드렸다고 말하려 했지만, 평소 같으면 문제가 되지 않았을 일인데도 그날따라 아버지의 목소리는 엄격했다.

집에 들어갔을 때 아버지는 손에 허리띠를 들고 문 뒤에 서 계셨다. 나는 아버지의 손에서 허리띠를 낚아채면서 "매를 드시기에는 제가 너무 큰 것 같아요"라고 말했다. 그때 든 생각은 '내가 왜 이렇게 말했지? 이제 아버지한테 맞아서 쓰러지겠구나'였다. 그러나 아버지는 상심한 눈빛으로 나를 바라보시더니 "그만 들어가 자라"고 말씀하셨다.

그날 밤 내내 기분이 안 좋았고 그 이유를 알 수 없었다. 내가 뭔가 잘못한 것 같으면서도, 어쨌든 아버지가 뭔가 오해를 하셨다는 것도 알았다. 그리고 내가 왜 가해자처럼 느껴졌는지 깨달았다. 오해가 있었던 것은 맞지만, 어쨌든 나는 아버지께서 아버지가 되어서 바로잡아주려는 것을 거부한 것이었다. 이전과는 비교할 수 없을 정도로 아버지와 거리가 생긴 것처럼 느껴졌다. 다음 날 아침이 오기를 손꼽아 기다렸다. 아침에 아버지를 뵈었을 때 전혀 화난 얼굴이 아니었다.

아침 식사 때 아버지께 "어젯밤 그렇게 행동해서 죄송해요"라고 말씀드렸다. 아버지는 고개를 끄덕이며 미소를 지으셨고, 나는 세상의 모든 짐이 나에게서 떠나가는 것을 느꼈다. 2장에서 언급했듯이 어떤 사람들은 의로운 사람이 되기보다는 자기가 옳음을 증명하는 것을 더 선호한다. 옳음 투쟁꾼이 되면 누가 옳고 그른지 논쟁하느라 다툼만 길어질 뿐이다. 아버지 하나님이 주시는 징계와 관련해서 더 중요한 문제는 그분의 책망에 순복하는 것, 즉 그분의 주 되심을 인정해 드리는 것이다.

거짓의 아비에게 굴복해서 우리의 죄를 정당화하고 우울함에 빠지거나, 영광의 아버지께 순복하므로 기쁨을 회복하거나 둘 중 하나다. 나는 상담하면서 수많은 부부가 옳음 투쟁꾼이 되느라 시간을 낭비하고, 어떤 경우에는 고집 때문에 아무것도 해결되지 않는 것을 목격했다. 나에게 고아처럼 느껴졌던 밤은 하루면 족했다. 오래전에 받은 이 교훈은 지금도 나와 함께하며 누구보다도 성령님께서 첫 번째로 내 마음을 책망하시도록 허락해 드리는 깨어 있는 마음을 유지하게 한다. 당신이 마지막으로 사랑하는 아버지의 훈계를 느낀 때는 언제인가?

사랑의 징계는 우리가 여전히 내면에 계신 그분의 음성과 연결되어 있다는 것을 확인해 준다. 마지막으로 당부하고 싶은 것은, 당신은 하늘 계좌에 씨앗을 심고 있으며, 이것은 이 땅에서 하나님이 당신을 부르신 사명을 수행할 수 있도록 큰 액수의 배당금이 되어 돌아온다는 것이다. 우리가 이 땅에서 하는 모든 일은 나중에 영원히 보상받는다는 것을 기억하라. 지금 내가 하는 일이 상상을 초월하는 영원한 상급으로 돌아올 것을 알고 있는 나는 몹시 흥분된다.

하나님 아버지, 우리를 향한 주님의 자비와 공의를 찬양합니다. 우리는 주님께서 천국의 책들에 선하게 기록하시며, 우리를 의로 여기셨음을 알고 있습니다(롬 4:22). 우리는 주님을 신뢰합니다.

> 또 내가 보니 죽은 자들이 큰 자나 작은 자나 그 보좌 앞에 서 있는데 책들
> 이 펴 있고 또 다른 책이 펴졌으니 곧 생명책이라 죽은 자들이 자기 행위
> 를 따라 책들에 기록된 대로 심판을 받으니 (계 20:12)

주님, 우리의 마음속에 영원을 두셨다는 진리를 우리가 의식할 수 있도록, 그래서 우리의 잠재적 가능성을 적어둔 책에 기록하신 모든 것을 우리가 성취할 수 있도록 도와주옵소서.

하나님이 모든 것을 지으시되 때를 따라 아름답게 하셨고 또 사람들의 마

음에 영원을 두셨느니라 그러나 하나님이 하시는 일의 시종을 사람으로

측량할 수 없게 하셨도다 (전 3:11)

아멘!

ACCESSING THE BLESSING OF HEAVEN'S CURRENCY

by Kerry Kirkwood

Copyright ⓒ 2024 by Kerry Kirkwood

Originally published in English under the title of
Accessing the Blessing of Heaven's currency
by Destiny Image publishers

Destiny Image® publishers, INC.
P.O. Box 310, Shippensburg, PA 17257-0310

Korean Translation Copyright ⓒ 2024 Pure Nard
2F 16, Eonju-ro 69-gil Gangnam-gu, Seoul, Korea

천국 화폐의 축복을 취하라

초판 발행 | 2024년 8월 15일

지 은 이 | 케리 커크우드
옮 긴 이 | 조슈아 김

펴 낸 이 | 허철
책임편집 | 김은옥
디 자 인 | 이보다나
총   괄 | 허현숙
인 쇄 소 | (주)프리온

펴 낸 곳 | 도서출판 순전한 나드
등록번호 | 제2010-000128
주   소 | 서울특별시 강남구 언주로69길 16, (역삼동) 2층
도서문의 | 02) 574-6702
팩   스 | 02) 574-9704
홈페이지 | www.purenard.co.kr

ISBN 978-89-6237-208-3 03230